WERNER FREUND
MEIN LEBEN MIT BÄREN

WERNER FREUND

Mein Leben mit Bären

MÜLLER RÜSCHLIKON VERLAGS AG
CH-CHAM/ZUG

Einbandgestaltung: Johann Walentek,
unter Verwendung eines Fotos von Erika Freund.

Bildnachweis: Axel Arens, S. 85; Hans B. Braun, S. 87;
TIPHO Bildarchiv, S. 121, 124/125; Cai Gebhardt, S. 2, 92/93, 100/101;
Gerhard Gronefeld, S. 12, 15, 44, 75, 131, 142, 144, 147; Hildegard Hoppe, S. 17;
Tom Leja, S. 123; Herbert Mayr, S. 128; Wilhelm Pohl, S. 113; Werner Schulze, S. 7;
Pierre Schwartz, S. 10; K. Wothe, S. 122/123, 126, 127.

Alle übrigen Abbildungen stammen aus dem Privatarchiv von Werner Freund.

Das Buch entstand in Zusammenarbeit mit Oliver Schwarz

ISBN 3-275-01079-4

1. Auflage 1994
Copyright © by Müller Rüschlikon Verlags AG, Gewerbestrasse 10, CH-6330 Cham.
Sämtliche Rechte der Speicherung, Vervielfältigung und Verbreitung
sind vorbehalten.
Satz: Vaihinger Satz + Druck, 71665 Vaihingen an der Enz.
Druck: Rung-Druck, 73033 Göppingen.
Bindung: K. Dieringer, 70839 Gerlingen.
Printed in Germany.

Inhalt

Vorwort (Heinz Sielmann) 7

Vom Tierpfleger zum Verhaltensforscher 9

Besuch bei Konrad Lorenz 18

Erste Erfahrungen – Lippenbärin Alfred 21
Mut zum Ungewöhnlichen 21
Besondere Erlebnisse mit Alfred 31
Alfred als Filmstarlet 45
Zirkuserlebnisse oder das Geschäft mit dem Bären 57
Der Angriff 64

Drei Jahre mit Charly 71

Die Braunbärin Kalinka 78
Eine Jungbärin mit 200 PS 78
Braunbären sind ganz anders 83
Bär und Wolf – Spürnasen, die sich nicht riechen können 89
»Hoppla, jetzt komme ich« – Kalinka wird erwachsen 90

Kodiakbär Johnny – die große Herausforderung 104

Mythos Bär 117

Familie Ursidae 134

Zum Verhalten des Bären 141

Überlebt der europäische Braunbär? 150

Vorwort

Werner Freund ist ein ungewöhnlicher Mann: Wolfsmensch, Abenteurer und ehemaliger Einzelkampfausbilder der Bundeswehr. Seine aufsehenerregende Aufzucht mehrerer Wolfsrudel und sein kompromißloses Zusammenleben mit ihnen machten ihn zu einem der populärsten deutschen Verhaltensforscher. In seinem ersten Buch »Der Wolfsmensch« hat er sein Leben mit Wölfen ausführlich beschrieben.

In jungen Jahren arbeitete Werner Freund als Tierpfleger in der Stuttgarter Wilhelma, wechselte zum Bundesgrenzschutz und später zur Bundeswehr, wurde Fallschirmjäger und unternahm 15 gewagte Expeditionen in tropische Länder, um dort die letzten freien Naturvölker dieser Erde aufzusuchen. Der Idee seines Kommandeurs, dem 262er Fallschirmjägerbataillon ein angemessenes Maskottchen zu verschaffen, verdankt es Freund, daß er sich wieder mit Tieren beschäftigen konnte. Sozusagen auf Be-

fehl verschrieb er sich den Bären. Insgesamt 17 Jahre – von 1961 bis 1978 – lebte er nun nacheinander mit zwei Lippenbärinnen, einer russischen Braunbärin und einem Kodiak zusammen.

Heute führt Werner Freund unter seinen 27 Wölfen am Rand des Merziger Kammerforstes sein Wolfsleben, rund 50 Kilometer von Saarbrücken entfernt.

Dort lernte ich Freund kennen, als wir im Rahmen der TV-Reihe »Expeditionen ins Tierreich« den Prolog zur Folge »Die Weißen Wölfe der Arktis« drehten und ins Gespräch kamen. Dabei erfuhr ich, daß seine berühmten Wolfsrudel eigentlich eine späte Liebe von ihm sind. Denn angefangen hatte er mit Bären. Ihre Überlegenheit hatte ihn von Kindheit an fasziniert. Kein Wunder, denn kaum ein anderes Tier hat auf den Menschen einen so starken Eindruck gemacht.

Seit Urzeiten beschäftigen Bären die Gemüter. Ihrer kraftvollen Erscheinung wegen beneidete man sie. Ihr einzelgängerisches Wesen erregte die Phantasie. Gefürchtet ist ihre vermeintliche Unberechenbarkeit. Einen Bär zu erlegen, gilt nach wie vor als Mannestat. In Märchen und Mythen aus aller Welt spielen Bären eine schillernde und meist gewichtige Rolle. Noch heute treiben Grizzlies in Horrorfilmstreifen als menschenreißende Ungeheuer ihr Unwesen und fehlen in keiner Unfall-Statistik amerikanischer Nationalparks.

Mit Bären sammelte Werner Freund jene Aufzucht- und Pflegeerfahrungen, die seiner späteren Arbeit mit Wölfen zugute kamen. Für jeden seiner Bären war er Ziehmutter und Kumpan zugleich. Er schlief bei ihnen, unternahm mit den stets agilen Kraftpaketen ausgedehnte Streifzüge durch die Wälder des Saarlands und der Pfalz und nahm sie zu Ausbildungslehrgängen der Bundeswehr ins Biwak mit. Maulkorb und Leine blieben wann immer möglich zu Hause. Mit viel Mut und unendlicher Geduld gelang es ihm, das Vertrauen der Bären zu gewinnen und von ihnen als Artgenosse anerkannt zu werden. Freund verzichtete auf gewohnte Bequemlichkeiten und paßte sich in seinem Verhalten seinen Bären an. Kompromißlos verwirklichte er, was Konrad Lorenz, der Nestor der Verhaltensforschung, forderte, als er sagte: »Wer mit Tieren lebt, um sie zu erforschen, muß werden wie sie« und gewann dadurch Lorenz' uneingeschränkte Anerkennung.

Freund gehört zu jener Gruppe von Tierforschern, die unser Wissen über Verhalten und Lebensweise wilder Tiere erheblich erweitert haben. Durch seine Arbeit mit Bären und Wölfen ist er in einem Atemzug zu nennen mit Heinz Meynhardt, der mit Wildschweinen auf Trüffelsuche ging, Jane Goodall, die mit ihren wilden Schimpansen auch menschlichem Verhalten den Spiegel vorhielt, George Adamson, dem Vater der Löwen, oder Dian Fossey, die in ihrem Kampf für Berggorillas ihr Leben verlor.

Vom Tierpfleger zum Verhaltensforscher: Werner Freund.

Wohl nie zuvor ist es jemandem gelungen, Bären so unmittelbar zu erleben und zu beobachten. Immer wieder mußte sich Freund gegenüber diesen eigenbrödlerischen Kumpanen durchsetzen, ihnen seine Dominanz beweisen, manchen Kampf mit ihnen durchstehen und viele schmerzhafte Verletzungen und Blessuren einstecken. Der Wissenschaft hat Freund dadurch im wahrsten und dadurch positiven Sinne des Wortes Bärendienste erwiesen, da besonders die

7

scheuen und selten werdenden Lippenbären bisher kaum eingehend beobachtet
worden sind.

Sein Buch »Mein Leben mit Bären« ist
der erregende Bericht seiner Erlebnisse
und Erfahrungen mit diesen Riesen unter den Landraubtieren. Es vermittelt
zahllose Fakten und fördert so das Verständnis dieser beeindruckenden Ge-
schöpfe. Das Buch gestattet Einblicke in
ihr Sozialverhalten und ihre Psyche und
berichtet von der Faszination, die Bären
seit Jahrtausenden auf Menschen aus-
üben. Engagiert plädiert Werner Freund
für das Überleben der Braunbären in
Europa und zeigt realistische Möglich-
keiten, Bären zum Beispiel in den Alpen
wieder heimisch werden zu lassen.

Ich freue mich, daß dieses Buch vielen
begeisterten Tierfreunden spannende
und informative Lektüre bereiten wird
und wünsche mir, daß damit der Frage
nach der Zukunft auch des europäischen
Braunbären mehr Aufmerksamkeit zu-
teil wird.

Heinz Sielmann,
im Februar 1994

Vom Tierpfleger zum Verhaltensforscher

Ich heule mit den Wölfen – täglich. Seit 19 Jahren ziehen meine Frau Erika und ich Wölfe auf, mit denen ich als Rudelmitglied wie in freier Wildbahn zusammenlebe. Das hatten bisher Verhaltensforscher wie Zoodirektoren für undurchführbar und äußerst gefährlich gehalten. Den Warnungen der Experten zum Trotz hatte ich Erfolg.

Innerhalb der Rudel mußte ich viele menschliche Gewohnheiten ablegen und wölfisches Verhalten annehmen. Ich mußte mit den Wölfen fressen, jagen, bei ihnen schlafen und mich konsequent in Rangordnungskämpfen behaupten, bis ich von ihnen als Oberwolf akzeptiert wurde. Nur durch engsten Kontakt, liebevolles Einfühlen und jahrelanges geduldiges Beobachten war es möglich, tiefere Einblicke in das Sozialverhalten und die Psyche dieser vom Menschen so gefürchteten Tiere zu gewinnen.

Heute habe ich sechs Rudel mit 13 europäischen Grauwölfen, 5 weißen Arktiswölfen, 6 kanadischen Timberwölfen und 3 indischen Wölfen. Sie leben in getrennten, umzäunten Waldrevieren des Geheges Kammerforst nahe der Stadt Merzig, 50 Kilometer nordwestlich von Saarbrücken.

Inzwischen ist Merzig weltweit als »Stadt der Wölfe« ein Begriff. Jedes Jahr ziehen unsere Wolfsfreigehege Tausende von Besuchern an. Viele in- und ausländische Fernsehanstalten haben Dokumentarfilme über mein Leben mit den Wölfen gedreht. Die Ergebnisse meiner Langzeitstudien habe ich 1988 in meinem Buch »Der Wolfsmensch« veröffentlicht.

Doch am Anfang standen bei mir Bären, genau gesagt vier Bären. 17 Jahre lebte ich – von 1961 bis 1978 – nacheinander mit zwei Lippenbärinnen, einer russischen Braunbärin und einem Kodiak zu-

Seit 19 Jahren heule ich mit Wölfen. ...

sammen. Mit ihnen sammelte ich jene Aufzuchterfahrungen, die mir meine Studien mit Wölfen heute erst möglich machen. Bären gehören zu den faszinierendsten Tieren. Ihr Wesen und ihr Verhalten fesseln mich seit frühester Kindheit. Bären waren meine ersten langjährigen Kumpanen. Neben ihnen wurde ich für 17 Jahre zum Bärenmenschen. Hiervon berichtet dieses Buch.

Tieren gehörte schon immer mein ganzes Interesse. Wenn ich mein Leben überblicke, wird mir bewußt, daß meine Entwicklung durch familiäre Herkunft vorgezeichnet war. Die Tierliebe meiner Eltern prägte mich. Väterlicherseits entstamme ich einer Schäferfamilie. Meine Mutter, von der ich die Gabe, mich in Tiere hineinfühlen zu können, geerbt habe, war Försterstochter. 1933 im hessischen Ort Grabenteich geboren, wuchs ich mit Hauskatzen, Hunden, Schweinen, Ziegen und eben Schafen auf. Angst vor Tieren habe ich nie gehabt. Als Kind unternahm ich in der Umgebung ausgedehnte Streifzüge, während denen ich die Tierwelt meiner Heimat kennenlernte. Besonders die jungen

10

Füchse, wenn sie ab Mai vor dem Bau spielten, hatten es mir angetan. Als junger Bursche schon faszinierte mich damals das Nebeneinander von arttypischem Verhalten und individuellen Besonderheiten bei den einzelnen Fuchswelpen. Während meiner langjährigen Ausflüge lernte ich die Ontogenese, die Individualentwicklung des Fuchses, in ihren Phasen und Stationen zu unterscheiden. Heute weiß ich, daß sie ganz ähnlich wie die der Wölfe verläuft.

Im Alter von 14 Jahren absolvierte ich die Volksschule und mußte mich für einen Beruf entscheiden. Aber was sollte ich erlernen? Meine Neigung galt den Tieren. Doch für die interessanten Berufe, die mit Tieren zu tun haben, hätte ich einen höheren Schulabschluß anstreben müssen. Und der Schäferberuf ist nur einträglich, wenn man eine eigene Herde besitzt. Dazu fehlte uns aber das Geld. Da ich für technische und handwerkliche Berufe kein Interesse zeigte, begann ich mit 15 Jahren eine Gärtnerlehre in einer Baumschule und Staudengärtnerei in Gießen. Obwohl ich nie Latein gelernt hatte, fiel es mir leicht, mir die lateinischen Gewächsnamen zu merken. Bei Kultur und Vermehrung der Pflanzen bewies ich eine glückliche Hand. Meine Abschlußprüfung zum Gärtnergehilfen bestand ich mit »sehr gut«. Nie verlor ich während meiner Ausbildungszeit die Verbindung zu meinen Tieren daheim.

Anläßlich eines Betriebsausfluges zur Bundesgartenschau 1950 in Stuttgart besichtigten wir mit den Junggärtnern auch die »Wilhelma« – damals mehr ein Botanischer Garten, heute ein großer Zoo. Ihre Freianlagen mit den Tieren und exotischen Pflanzen faszinierten mich so, daß ich mich um eine Gehilfenstelle bewarb – mit Erfolg. Im Frühjahr 1951 wurde ich als Ausbildungsgehilfe im Gartenbereich eingestellt. Durch die tägliche, unmittelbare Nähe zu den Tieren wurde mir bald schmerzlich bewußt, daß ich in der für meine Neigungen falschen Abteilung arbeitete. Ich fühlte, daß für mich das Arbeiten mit Tieren mehr als nur ein Beruf, nämlich wirkliche Berufung war. Doch ich konnte schon bald auch auf diesem Gebiet mein Talent unter Beweis stellen, so daß der damalige Obertierpfleger Gustav Adolf von Maydel auf mich aufmerksam wurde und mir anbot, in die zoologische Abteilung zu wechseln. Sofort stimmte ich zu.

Meine Zeit in Stuttgart, die Umstände meines späteren Weggangs und Eintritts in den Bundesgrenzschutz (1954) und den Wechsel zur Bundeswehr (1956) habe ich in meinem Buch »Der Wolfsmensch« ausführlich beschrieben. Nur soviel: Nachdem Gustav Adolf von Maydel die Wilhelma 1953 verlassen hatte, war es zu einigen für mich folgenreichen Veränderungen gekommen. Ein Reptilienexperte hatte Maydels Position übernommen. Neue Tierpfleger und Lehrlinge wurden bald darauf eingestellt. Merklich wehte schon nach kurzer Zeit ein anderer Wind. Mein neuer Chef zeigte kein Verständnis für meine Bemühungen um Sozialkontakt mit den von mir betreuten Raubtieren. Den meisten meiner Kollegen war dessen Einstellung ganz recht. Sie vereinfachte beziehungsweise versachlichte ihre Arbeit erheblich. Nie-

... Doch am Anfang stand bei mir der Bär.

mand forderte nunmehr von ihnen, sich innerlich mit den Tieren auseinanderzusetzen. Eine Haltung übrigens, die sich damals im gesamten Tierpflegewesen der Bundesrepublik durchsetzte. Maydel hingegen hatte an seine Mitarbeiter umfassendere Ansprüche gestellt.

Da ich weiterhin jede Gelegenheit nutzte, mich auch in meiner Freizeit in den Tiergehegen aufzuhalten, setzte es der neue Obertierpfleger schließlich durch, daß mir unser Zoodirektor Schöchle den persönlichen Umgang mit den Raubtieren verbot. Für mich Grund genug, mich nach einer neuen Tätigkeit umzusehen. Denn Tierpfleger, die keinen Sozialkontakt zu ihren Schützlingen haben, sind in meinen Augen bezahlte Wärter. Das wollte ich auf keinen Fall sein.

In dieser für mich schwierigen Situation war es abermals Maydel, bei dem ich Rat fand. Er empfahl mir, mich für den Dienst im Bundesgrenzschutz zu bewerben. Ich hatte Erfolg. Am 1. April 1954 trat ich als Grenzschutzjäger auf Widerruf im oberpfälzischen Amberg meinen Dienst an.

Wichtiger als Einzelheiten meines persönlichen Werdegangs zu berichten, erscheint es mir, zu zwei Fragen Aufschluß zu geben, die mir immer wieder gestellt werden: Warum habe ich mich ausgerechnet Raubtieren verschrieben, und weshalb praktiziere ich meine zugegebenermaßen ungewöhnliche und nicht ganz ungefährliche Methode beim Umgang mit Tieren?

Bereits während meiner Zeit in der Wilhelma sprach mich die Arbeit in den Gehegen der Bären, Raubkatzen, Hyänen und Wölfe am meisten an. Ich entdeckte meine spezielle Vorliebe für die wesensstarken und wehrhaften höheren Landraubtiere. Vielleicht spielt hierbei auch eine Rolle, daß ich schon in unserem Dorf und später in der Schule immer der Stärkste war und nie eine Auseinandersetzung auch mit älteren Jungen scheute. Es fiel mir immer leicht, mich in einer Gruppe als Führer durchzusetzen. Das wiederholte sich später auf meinen 15 Expeditionen in abgelegene Urwaldgebiete.

Zu Raubtieren konnte ich innige Bindungen aufbauen. Dies lag daran, daß diesen hochentwickelten Säugern ein differenziertes und intensives Sozialverhalten eigen ist, das mich fasziniert. Man findet bei ihnen ausgeprägte Persönlichkeitsstrukturen. Landraubtiere (Fissipedia) können sich gegenüber ihren Artgenossen als gesellige und tolerante Kumpanen erweisen oder ihren Gruppen- oder Rudelmitgliedern das Leben schwer machen, besonders wenn es sich dabei um Leittiere handelt. Psychopathen oder Bestien kennt die Natur im Tierreich hingegen nicht. Erstere sind – wo solche Phänomene auftreten – das Ergebnis negativer menschlicher Einflußnahme auf die Individualentwicklung des Tieres. Letztere entstammen dem Horrorkabinett menschlicher Phantasie.

Zu Tieren suche ich den unmittelbaren Kontakt. Mit ihnen Umgang zu haben, bedeutete für mich schon immer, mich ihnen mit Haut und Haaren zu verschreiben. Für das Zusammenleben mit den intelligenten, sensiblen und jederzeit kampfbereiten Raubtieren muß man Instinktsicherheit, Einfühlungsvermögen, Verständnis, Mut zum Risiko und blitzschnelle Reaktionsbereitschaft mitbringen. Es gilt, als Bär, Wolf oder Raubkatze denken zu lernen. Man muß bereit sein, zivilisatorische Verhaltensmuster abzulegen und raubtierhafte Verhaltensweisen anzunehmen. Dies schließt auch mit ein, auf jegliche Sentimentalitäten im Umgang mit diesen Tieren verzichten zu können. Wird man angegriffen, muß man sich bedingungslos als der Stärkere durchsetzen. Wer bei ihnen aus der Rolle fällt, Schwäche zeigt oder versucht, sie zu artfremdem Verhalten zu zwingen, muß damit rechnen angegriffen und abgeschlagen zu werden, das heißt den Sozialkontakt zum Rudel oder zum Einzeltier zu verlieren. Die Schuld für Fehler hat man immer bei sich selbst zu suchen, da Raubtiere ihren Instinkten entsprechend reagieren. Eklatantes Fehlverhalten kann bei diesen Tieren zu irreversiblem Vertrauensverlust führen.

In den Jahren meines Zusammenlebens mit Bären gelang es mir, erstmals tiefere Einblicke in das Wesen von Raubtieren zu bekommen, sie immer besser verstehen und situationsgerecht einschätzen zu können. Mit der Zeit unterliefen mir bei meinen Bären immer weniger Fehler. Vom ersten Tag an setzte ich mir zum Ziel, mich an ihr Sozialverhalten anzupassen. Ich lernte, mich innerhalb ihrer Gesetze gegen sie durchzusetzen. Nur so war es möglich, von diesen Kraftpaketen über Jahre hinweg anerkannt zu werden und den engen Kontakt, den ich durch meine Rolle als Ziehmutter zu ihnen aufgebaut hatte, auch später aufrecht erhalten zu können. Diese Methode ist so konsequent meines Wissens nach noch von keinem anderen Raubtierforscher praktiziert worden.

Hinsichtlich meiner Studien muß ich betonen, daß ich kein Wissenschaftler im herkömmlichen Sinn bin. Dazu fehlen mir Ausbildung und distanzierte Einstellung. Ich gehe gefühlsmäßig und instinktiv an die Sache heran: bei meinen Bären als Bärenmensch und bei meinen Wölfen als Wolfsmensch. Wie gesagt, das hat sich bewährt.

Ich betrachte mich als Rudelmitglied und jedes Einzeltier als Teil meiner Familie. An ihrem persönlichen Schicksal nehme ich vollen Anteil. Nur aus diesem engen Verhältnis heraus, verbunden mit einem hohen Einfühlungsvermögen, kann eine ergebnisreiche tierpsychologische Forschungsarbeit resultieren. Ich investiere meine Freizeit und viel Geld. Unterstützung von außen habe ich nur selten erfahren. Meine Methode der Verhaltensforschung unterscheidet sich daher wesentlich von der vieler Kollegen. Die meisten Zoologen und Biologen stehen am Zaun eines Tiergeheges und enträtseln das Tierverhalten mit dem Kugelschreiber. Das ist – wie gesagt – nicht nach meinem Geschmack. Ich gehe hinein und nehme mit den »unberechenbaren« Raubtieren Tuchfühlung auf. Dabei sind mir intime Beobachtungen gelungen.

Zu meinen Tieren suche ich unmittelbaren Sozialkontakt.

Meine Bären und Wölfe wurden und werden nicht dressiert. Sie waren und sind wild wie in freier Natur. Da ich nicht will, daß sie sich mir, ihrer menschlichen Ziehmutter, anpassen, bleibt mir nichts anderes übrig als den umgekehrten Weg zu beschreiten: Ich muß einer der ihren werden. Dabei trage ich alle Risiken selbst. Versichert bin ich nicht. Werde ich gebissen, beiße ich zurück. Das wissen meine Wölfe und wußten meine Bären.

Es bedeutete eine große Erleichterung für mich, als ich zum ersten Mal von Konrad Lorenz hörte, dem Nestor der Verhaltensforschung und Nobelpreisträger, und in ihm einen Gleichgesinnten entdeckte. Der Hinweis auf dieses große Vorbild hilft mir, mich argumentativ gegenüber Skeptikern und notorischen Bedenkenträgern zu behaupten und meiner Arbeit in der Öffentlichkeit und in der Forschung Anerkennung zu verschaffen.

Auf diesen überragenden Wissenschaftler wurde ich 1952 aufmerksam, als ich neunzehnjährig als Tierpfleger im Stuttgarter Zoo arbeitete. Dort hielt man in mehreren Kisten Hunderte von Ratten, die an Schlangen verfüttert wurden. Jeden Morgen, wenn unsere Lehrlinge die Ratten fütterten, fanden sie einige, die von den anderen totgebissen und halb aufgefressen worden waren. Das gab mir zu denken. Ich stellte fest, daß Fälle von Kannibalismus in bestimmten Kisten, die nur Zuchtpaare mit Jungen und schon länger zusammenlebenden Ratten beherbergten, selten vorkamen. Die anderen Kisten wurden dagegen bedenkenlos mit Ratten überfüllt, und dort wüteten die Tiere gegeneinander. An

Wasser- oder Futtermangel konnte es nicht liegen, denn davon bekamen sie genug. Weder die anderen Pfleger noch ich fanden eine Erklärung, bis mir ein Dauerbesucher des Zoos, mit dem ich mich darüber unterhalten hatte, ein Buch von Lorenz mitbrachte, worin das Phänomen erklärt wurde: Wird der Lebensraum zu eng, verhalten sich Ratten nicht anders als Menschen. Sie dezimieren sich gegenseitig oder es kommt zu Vertreibungen von Populationen. Da ein solches Abdrängen in den engen Kisten nicht möglich war, bissen sich die Tiere tot. Wir zogen die Konsequenz und verteilten die Tiere auf eine größere Anzahl von Kisten. Fortan war Ruhe.

Aus Konrad Lorenz' Büchern lernte ich, Tiere bewußter und systematischer zu beobachten und ihr Verhalten konsequent mit dem des Menschen zu vergleichen. Lorenz' Credo fand ich in den Ergebnissen meiner Arbeit bestätigt: Es gibt nur eine Psychologie. Nach Lorenz lassen sich Tier- und Menschenpsychologie nicht voneinander trennen: »Jeder Mensch, der höhere Tiere kennt, weiß, daß ihr Erleben, ihre ›Emotionen‹ den unseren brüderlich verwandt sind. Ein Hund hat eine Seele, die der meinen im allgemeinen gleicht, sie an bedingungsloser Liebesfähigkeit wahrscheinlich sogar übertrifft; einen Geist aber hat kein Tier, haben weder die Hunde noch die dem Menschen verwandtschaftlich am nächsten stehenden Anthropoiden« (Konrad Lorenz. Der Abbau des Menschlichen. München 1983. S. 145). Erst wenn wir die Tiere wirklich kennen lernen und Einsicht in die große stammesgeschichtli-

Versichert bin ich nicht. Werde ich gebissen, beiße ich zurück. Das wissen meine Wölfe und wußten meine Bären.

che Entwicklung gewinnen, können wir das Einzigartige am Menschen begreifen. Alles Tier steckt im Menschen, keineswegs aber alles Menschliche im Tier.

In seinem letzten Buch »Rettet die Hoffnung« schrieb Lorenz: »Das Tier ist genauso ein lebendes Subjekt wie ich, um nichts besser oder schlechter.« Diese Einstellung gegenüber allen Kreaturen motivierte ihn von Jugend an, den Kontakt zu Tieren zu suchen. Das war auch mein Bestreben immer gewesen.

Lorenz wurde 1903 in Österreich geboren. Von frühauf faszinierten ihn Tiere mehr als alles andere. Anfangs fesselten ihn besonders Feuersalamander. Eine Gans, die er sich sehnlichst wünschte, verweigerte ihm seine Mutter, weil sie im Garten zu viel Schaden anrichten würde. So befaßte er sich mit Enten, in die er sich, wie er sagte, geradezu verliebte. Bereits als Fünfjähriger erkannte er den Führungslaut seiner ersten Ente »An-

terl« und ahmte ihn so perfekt nach, daß ihm Anterl überall hin folgte. Das gab den Anstoß für seine später berühmt gewordene Forschungsarbeit mit Wildgänsen. Dem Federvieh folgte Schuppengetier: die Fische seines heimatlichen Aquariums. Im Laufe seines Lebens spezialisierte er sich auf Enten, Gänse, Dohlen, Hunde und Fische. Anfangs belächelt, ja für leicht verrückt gehalten, studierte er als junger Wissenschaftler seine Tiere, indem er wie sie lebte. Er wurde zum Begründer der modernen Verhaltensforschung. Im Alter von 70 Jahren erhielt er 1973 den Nobelpreis.

Heute reicht die Verhaltensforschung als Bindeglied zwischen Human- und Tierpsychologie in viele Wissenschaftsbereiche bis hin zur Pädagogik hinein.

Vor diesem Hintergrund ist es verständlich, daß es mein sehnlichster Wunsch wurde, Konrad Lorenz einmal persönlich kennenlernen zu dürfen.

17

Besuch bei Konrad Lorenz

Was ich nicht mehr für möglich gehalten hatte, kam völlig unversehens im Herbst 1988 in Gang. Dr. Schimpf, der Leiter eines Wiener Verlages, besuchte mich, um mit mir über ein Buch zu meinem Leben mit Bären zu sprechen. Er brachte mir das neue Lorenz-Buch »Rettet die Hoffnung« mit, das sein Verlag in diesem Jahr herausgebracht hatte. Als ich ihm von meinem Wunsch erzählte, einmal mit Konrad Lorenz fachsimpeln zu können, meinte Dr. Schimpf, das ließe sich arrangieren. Er trug dem mittlerweile 85 Jahre alten Professor, der in Altenberg bei Wien lebte, mein Anliegen vor und berichtete ihm von meiner Arbeit mit Bären und Wölfen. Lorenz fand sogleich Gefallen daran: »Das interessiert mich.« Die bald darauf erfolgende telefonische Zusage aus Wien freute mich; endlich konnte mein Herzenswunsch in Erfüllung gehen.

Im Dezember teilte mir der Ichthyologe (Fischkundler) Dr. Alexander Erlacher, ein enger Mitarbeiter und Duzfreund von Konrad Lorenz, den Besuchstermin mit: den 9. Februar 1989. So flog ich an diesem Tag nach Wien, wo ich am Flughafen abgeholt und nach Altenberg zum Hause des Professors gebracht wurde. An den Rollstuhl gefesselt, saß Konrad Lorenz gerade mit seiner jungen Pflegerin, einer Mitarbeiterin und Dr. Erlacher zu Tisch. Es gab Zwetschgenkuchen und Pfefferminztee. Sein alter Mischlingshund schwänzelte zwischen unseren Beinen herum. Später gesellte sich noch Herbert Feuchter, ein angehender Tiermediziner, hinzu. Die lockere und ungezwungene Atmosphäre gefiel mir.

Nach einer kurzen Begrüßung bat Konrad Lorenz Herrn Matejicek und mich zu Tisch. Ich übergab ihm mein

Buch »Der Wolfsmensch«. Schon beim Durchblättern rief er aus: »Ah, das ist etwas Besonderes für mich, ich werde morgen mit dem Lesen anfangen.« Aber die Fotos von den Wölfen und mir faszinierten ihn so, daß er sich doch gleich in das Buch vertiefte und mir eine Menge Fragen stellte. Schon bald bemerkte er: »Schade, daß es mir gesundheitlich nicht möglich ist, Sie in Merzig zu besuchen. Ihr Leben mit den Wölfen fesselt mich. So weit wie Sie ist noch keiner in die Welt der Wölfe vorgedrungen. Das Leben der niederen Tiere kann man an der Universität studieren, da braucht man nur mit einem Auge hinzuschauen, aber mit höheren Säugetieren wie Wölfen ist das etwas ganz anderes. Dazu braucht man eine Gabe, zwei offene Augen, ein feines Einfühlungsvermögen, und man darf kein verweichlichter Mensch sein.«

Nachdem er sich bei mir erkundigt hatte, wie ich dazu gekommen bin, mich den Tieren zu verschreiben, fuhr Lorenz fort, daß alle Verhaltensforscher von Rang in ihrer Jugend mit Tieren aufgewachsen seien; das sei die Grundlage. Er betonte, wenn man mit Tieren lebe, um sie zu erforschen, müsse man werden wie sie. Das hatte Lorenz durch seine bahnbrechende Forschungsarbeit mit Graugänsen ja selbst vorgelebt. Schwamm er mit seinen Graugänsen, war er »Gans« unter Gänsen. Das gleiche habe ich mit Bären praktiziert und wiederhole es bei meinen Wölfen. »So etwas«, meinte er, »können viele Menschen nicht verstehen. Auch mein Verhältnis zu Gänsen wurde anfangs von Wissenschaftlern und Laien nicht verstanden. Es war Neuland,

und so ergeht es Ihnen mit den Wölfen sicher auch. Aber Sie machen auf mich den Eindruck, als ob es ihnen ganz egal ist, was die Leute davon halten.« Damit hatte er völlig recht.

Im Verlaufe unseres Gesprächs beeindruckten mich immer mehr sein Scharfsinn und Einfühlungsvermögen, mit denen er sich in kürzester Zeit in mein Zusammenleben mit Wölfen hineinversetzte. Nie zuvor war ich von einem Menschen so gut verstanden worden. Ich hatte geradezu den Eindruck, als stünden wir direkt vor einem meiner Merziger Wolfsgehege und Lorenz habe alles selbst vor Augen.

Unsere Besprechung war ursprünglich

Konrad Lorenz (1903 – 1989) begründete die Verhaltensforschung als Bindeglied zwischen Human- und Tierpsychologie.

19

auf eine Stunde angesetzt, aber daraus wurden drei Stunden. Als es Zeit zum Gehen war, schrieb mir Konrad Lorenz in sein Buch »Rettet die Hoffnung« die Widmung: »Herrn Werner Freund, dem Kenner der Wölfe, freundlichst zugeeignet. Konrad Lorenz.« Dabei deutete er auf das Wort »Kenner« und sagte: »Das habe ich noch keinem in ein Buch geschrieben.«

Beim Abschied umarmten wir uns innig und schmiegten die Köpfe aneinander. Diese bewegende Begegnung hat mir viel Kraft und Zuversicht für mein weiteres Leben mit meinen Wölfen gegeben.

Bevor ich das Haus verließ, zeigte mir Dr. Erlacher, der Ichthyologe, noch das See-Aquarium und erklärte mir einige interessante Verhaltensweisen der Fische darin. Dabei ermunterte Konrad Lorenz den jungen Tiermediziner Herbert Feuchter, sich zu Studienzwecken einmal meine Wolfsfreigehege in Merzig anzusehen. Feuchter kam dann auch im Juni für drei Wochen zu uns.

Dr. Erlacher hatte mir versprochen, mich zu verständigen, wenn er im Sommer mit dem Professor zu dessen Gänsestation in Grünau im Almtal bei Gmunden am Braunsee fahren würde. Zu gerne wollte ich Konrad Lorenz unter seinen Tieren erleben und weitere anregende Gespräche mit ihm führen.

Doch dieser Wunsch ging nicht mehr in Erfüllung. 18 Tage nach unserer Begegnung erfuhr ich durchs Fernsehen von seinem Tod: Für mich unfaßbar! Tief bedrückt stieg ich ins Auto, fuhr zu meinen Wölfen und gedachte mitten unter ihnen meines großen Vorbildes. Alle Eindrükke, mein Gespräch mit ihm, unsere Umarmung standen mir vor Augen.

Am nächsten Tag rief ich Dr. Erlacher an. Wir fanden anfangs keine Worte. Dann sagte er mir, Konrad Lorenz habe am Abend seines Todes noch ein Bier getrunken, sich ins Bett gelegt und vor sich hingemurmelt: »Die Gänse fliegen, die Gänse fliegen.« Dabei sei er für immer eingeschlafen. Erlacher meinte, Lorenz sei mit seinen Gänsen fortgeflogen. So empfand ich es auch. Er seufzte: »Aber in unserem Geiste lebt Konrad Lorenz weiter: bei mir in der Fischforschung, bei Ihnen in der Wolfsforschung. Wir haben viel an ihm verloren. Nun können wir ihn nicht mehr fragen.«

Als ich Dr. Erlacher mit einem Ausdruck tiefen Bedauerns erklärte, ich könne nicht nach Altenberg zur Bestattung kommen, weil meine Wölfe in der Ranzzeit seien und ich jetzt besonders auf sie achten müsse, erwiderte er verständnisvoll: »Konrad Lorenz hätte gesagt: Was will er bei meiner Beerdigung? Er soll sich um seine Wölfe kümmern.«

Für den Vater der Verhaltensforschung, der mich und andere Gleichgesinnte durch seine Bücher ein halbes Leben lang geleitet hat, ließ ich eine Gedenktafel im großen Freigehege meiner Arktiswölfe anbringen. In seinem Geiste werde ich weitermachen.

Erste Erfahrungen – Lippenbärin Alfred

Mut zum Ungewöhnlichen

Ab 1960 leitete ich als Zugführer Einzelkampflager des Fallschirmjägerbataillons 262 in den Pfälzer und Saarländer Wäldern. Am 15. Juni 1961 erfolgte meine Beförderung zum Feldwebel.

Im gleichen Jahr kam es zu jenem für mich denkwürdigen Ereignis, das mein Leben wieder meinen eigentlichen Neigungen näherbrachte. Ein Ereignis, das wesentlich mein künftiges Leben bestimmen sollte – bedingt durch den ungewöhnlichen Zufall, einem Kommandeur unterstellt zu sein, der einen beispielhaften Mut zum Außergewöhnlichen besaß, was besonders innerhalb der hochbürokratisierten Bundeswehr eine Seltenheit ist. Oberstleutnant Alfred Genz wurde schon allein aufgrund seiner unkonventionellen Art bei seinen Soldaten sehr geschätzt.

Eines Tages ließ er mich zu sich rufen und gab mir den ungewöhnlichen Auftrag, für unser Bataillon ein angemessenes Maskottchen zu besorgen. Seiner Vorstellung nach stünde seinen Fallschirmjägern nur ein Raubtier gut an. Ihm war bekannt, daß ich drei Jahre Raubtierpfleger in der Wilhelma gewesen war. Er hatte Vertrauen zu mir und ließ mir freie Hand.

Völlig überrascht stimmte ich sofort zu und überlegte in den folgenden Tagen, welche Raubtierart dafür in Frage komme. Da mir das Halten einer Raubkatze in der Kaserne unter so vielen Menschen zu problematisch erschien, wollte ich mich nach einem Bären umsehen, der zudem als Allesfresser ohne weiteres von unserer Truppenküche würde versorgt werden können.

Keine Frage, ich habe es Oberstleutnant Genz und seinen Nachfolgern zu verdanken, daß ich mein Leben nun doch noch, ohne dafür meinen neuen Beruf aufgeben zu müssen, meiner großen Leidenschaft widmen konnte: dem Umgang mit Raubtieren. Natürlich ist die Bundeswehr kein zoologischer Garten und auch keine Selbstverwirklichungs-Anstalt ehemaliger Tierpfleger. Aber mit diesem Auftrag zeigte es sich, daß zwei Menschen, die ein Vertrauensverhältnis verbindet und die bereit sind, Unkonventionelles zu wagen, Dinge möglich machen können, die in unserer normierten Welt unmöglich erscheinen. Daher blieben die 262er eine Ausnahme, und ich glaube auch nicht, daß es in einer anderen Einheit der Bundeswehr durchführbar gewesen wäre, ein Raubtier zum Maskottchen zu nehmen. Von einer Einheit der Fremdenlegion hingegen, die im afrikanischen Djibouti stationiert ist, weiß ich, daß sie sich einen Geparden hält.

Das Risiko bei diesem ungewöhnlichen Unterfangen trugen der Kommandeur und ich gleichermaßen; denn würde einer der Bären einen Soldaten oder einen Zivilisten ernsthaft verletzen, wäre für die vielen Bürokraten aus Politik und Verwaltung, denen unsere Bärenmaskottchen bald schon ein Dorn im Auge wurden, Gelegenheit zum Handeln gewesen – von disziplinarischen Maßnahmen ganz zu schweigen.

Innerhalb der Bundeswehr nannte man uns schon nach kurzer Zeit das »Bären-Bataillon« und für viele Pfälzer und Saarländer wurde ich zum »Wald- oder Bärenmensch«. Worte, die mir viel bedeuten, denn treffsicher bezeichnen sie genau, um was es mir geht: mich mit

Haut und Haaren meinen Tier-Kumpanen zu verschreiben und möglichst selbst zum Bären oder Wolf zu werden.

Meine Nachforschungen nach einem geeigneten Bären führten mich in eine Landauer Tierhandlung, in der ich eine völlig verwahrloste, etwa drei bis vier Monate alte Bärin fand. Ihre Decke war auf dem Rücken haarlos und mit Schorf bedeckt. Angeblich hatte sie der Tierhändler erst vor zwei Wochen erworben. Er sagte mir, es sei eine Kragenbärin, was aus dem weißen Brustkragen hervorgehe.

Diese Art kommt in Zentralasien bis hin nach Japan vor. Da ich Kragenbären in der Stuttgarter Wilhelma betreut hatte, fielen mir die für diese Art ungewöhnlich langen Haare des Tieres an den gesunden Hautpartien auf. Darauf angesprochen, erklärte der Händler, die Kragenbärin stamme aus einer asiatischen Kälteregion. Das hätte jedem Laien eingeleuchtet. Mich machte allerdings stutzig, daß das Tier viel längere Krallen hatte als die Kragenbären, die ich in Stuttgart gepflegt hatte. Darum kamen mir Zweifel an der Artbestimmung des Tierhändlers. Aber das war nebensächlich, mich interessierte erst einmal das Tier selbst.

Da sie von Menschen aufgezogen worden war, zeigte sich die junge Bärin sehr anhänglich, und als ich mich näher mit ihr beschäftigte, begann sie zärtlich an meinem Arm zu nuckeln. Dies gab den Ausschlag. Ich brachte es nicht mehr übers Herz, sie dort zu lassen. Obwohl es fraglich war, ob ich sie in diesem schlechten Zustand durchbringen würde, kaufte

Die Lippenbärin Alfred war meine erste Bärin. Dank kräftiger Kost und viel Aufmerksamkeit wuchs sie prachtvoll heran.

ich sie für 400 Mark.

Bevor ich zurückfuhr, brachte ich das arme Geschöpf zu meinem Freund Roland Schneider, dem Leiter des Landauer Tiergartens. Der schlug die Hände über dem Kopf zusammen: »Bist du verrückt geworden, wie kannst du für eine kranke Bärin 400 Mark ausgeben? Die lebt sowieso nicht mehr lange.«

Ich schätzte die Chancen sie durchzubringen auf 50 Prozent.

Als nächstes suchte ich den Landauer Zootierarzt auf, der Unterernährung, Vitaminmangel und Verwurmung feststellte

und mich bat, ihn wöchentlich einmal aufzusuchen, um das Tier spritzen zu können. Vorerst gab er mir Tabletten und Salben mit. Zurück in meinem Bergzaberner Standort, brachte ich das Tier in das Zimmer unseres Kommandeurs. Oberstleutnant Genz meinte prompt: »Das ist ein Waschbär.«

In der Kaserne quartierte ich unser Maskottchen in einer mit Stroh ausgelegten Kiste in einem geheizten Kellerraum ein. In der Küche ließ ich gleich Reis mit Milch kochen, gab Zucker und Rosinen hinein, und als ich meinem Pflegling die gefüllte Schüssel vorsetzte, zeigte er den sprichwörtlichen Bärenhunger. Im Nu war die Schüssel leer – ein gutes Zeichen. Fortan bekam die Bärin zweimal täglich frisches Obst dazu. Dank der kräftigen Kost und weiterer Spritzen des Tierarztes entwickelte sie sich schon innerhalb der nächsten vier Wochen zu einem prachtvollen Tier. Bald schon tapste die junge Bärin mit mir unter die Dusche, der Schorf verschwand von ihrem Rücken und das Fell wuchs nach.

So zu neuen Kräften gekommen, wurde das Maskottchen bei einem Bataillons-Appell der Truppe vorgestellt. Obgleich weiblichen Geschlechts wurde sie auf den Namen »Alfred« getauft, dem Vornamen unseres Kommandeurs. Meine Kameraden hatten es so gewollt und ich war einverstanden. Aus allen Kompanien wurde begeistert Geld gespendet, und zwar so reichlich, daß wir für unsere Bärin Alfred bei der Sparkasse ein Konto für Tierarztkosten, Sonderverpflegung und dergleichen anlegen konnten. Die Soldaten waren stolz auf ihr Bärenmaskottchen – das einzige in der Bundeswehr.

Da Alfred trotz ihrer weißen halsbandartigen Brustzeichnung ganz andere Eigenarten als die mir vom Stuttgarter Zoo bekannten Kragenbären zeigte, bat ich Professor Grzimek schriftlich, mir anhand eines beigelegten Fotos mitzuteilen, um welche Bärenart es sich bei ihr handelt. Er schrieb mir, es sei eine Lippenbärin, deren Heimat Vorderindien und Sri Lanka ist. Also hatte sich der Landauer Tierhändler getäuscht oder mir buchstäblich eine Bärin aufgebunden.

Sofort machte ich mich daran, mich in der spärlichen Literatur über Lippenbären kundig zu machen.

Heute kenne ich, dank meines Zusammenseins mit Alfred und ihrer Nachfolgerin Charly, diese Art recht genau und bin mit ihrem Verhalten vertraut. Lippenbären sind in freier Natur eigentlich nachtaktive Tiere, die tagsüber sehr tief und fest schlafen können. Ihr bärenuntypisches Aussehen führte dazu, daß man sie lange Zeit für Verwandte der Faultiere gehalten hat. Manche Inder und Srilanker nennen sie »Bhalu«. Inwieweit sie als Vorbild für ihren berühmten Zeichentrickkollegen »Balu, der Bär« gedient haben, weiß ich allerdings nicht. Rudyard Kipling, der Autor des »Dschungelbuchs«, wurde in Bangkok geboren und lebte lange Jahre in Indien. Ganz unwahrscheinlich ist diese Möglichkeit also nicht.

Ein ausgewachsener Lippenbär wird durchschnittlich anderthalb Meter lang. Seine Schulterhöhe beträgt etwa 85 Zentimeter. Anders als bei den sogenannten Echten Bären (Gattung Ursus) ist das Gebiß des Lippenbären weniger kräftig. Nur die Reißzähne sind gleich stark ausgebildet. Auffallend sind die lange Zunge und die ausgeprägten, dehnbaren Lippen. Die Unterlippe können diese Tiere völlig problemlos über die Nase schieben.

Bei Alfred beobachtete ich dann auch zum ersten Mal, wie geschickt Lippenbären im Aufstöbern von Ameisen und Termiten sind. Finden sie welche, pusten sie erst einmal störende Erdkörner weg, um die Tiere dann genüßlich und äußerst geräuschvoll durch ihre Oberkieferlücke einzuschlürfen. Dies funktioniert deshalb so prachtvoll, weil ihnen von Natur aus zwei Schneidezähne fehlen.

Der in Indien und Sri Lanka als Mörder verschriene »Bhalu« flieht normalerweise vor dem Menschen. Stolpert allerdings jemand über einen im Unterholz verborgen ruhenden Lippenbären und schreckt ihn dabei aus seinem faultierartigen Schlaf auf, greift er den vermeintlichen Angreifer mit voller Kraft an. Das berichteten mir Tamilen auf meiner Expedition in den Bergdschungel von Sri Lanka.

Lippenbären werden für den Tod zahlreicher Weddas, Angehörige der indischen Urbevölkerung, verantwortlich gemacht, deren Leichen man mit eingeschlagenem Schädel auffand. Die Bären sollen diese Tötung aus dem aufrechten Stand heraus vorgenommen haben. Dieses vermeintliche Verhalten widerspricht aber allem, was ich über Jahre hinweg im Pfälzer Wald mit meinen beiden Lippenbärinnen erlebt und bei ihnen beobachtet habe. Hinter keinem der vielen Schläge, die ich abbekommen habe, war nennenswerte Kraft gewesen. Die Schläge ähneln eher kräftigeren Ohrfeigen und reichen keineswegs aus Schädel zu zertrümmern. Kein Vergleich zu den Tatzenschlägen eines Braun- oder Kodiakbären, von denen selbst ein freundschaftlich gemeinter Hieb vollauf genügt, einen Oberschenkel zu brechen. Lippenbären sind also keine Schlagbären. Die Gefährlichkeit ihrer Vorderpranke konzentriert sich eher auf die Krallen, mit denen sie Termitenbauten aufreißen oder Baumrinden abschä-

len müssen. Angriffe von Lippenbären finden auch nicht aus dem aufrechten Stand heraus statt. Ihre Angriffstechnik ist eine ganz andere und erfolgt auf allen vier Füßen. Dabei bringen sie ihre gefährlichste Waffe zum Einsatz – ihre Reißzähne. Lippenbären beißen entweder direkt zu oder deuten erst einen Prankenhieb an und schnappen dann nach dem Gegner. Dabei erreichen sie Beine, Hüften und Arme eines Menschen. Bei Gegenwehr rollen sie sich in den Gegner regelrecht hinein, um erneut zuzubeißen. Nur zu oft habe ich solche Angriffe schmerzhaft erfahren müssen. Nie aber habe ich es erlebt, daß der Kopf zum Angriffsziel wurde – schon gar nicht, wenn ich aufrecht stand. Selbst wenn ich berücksichtige, daß ich größer gewachsen bin als der Durchschnitts-Wedda, bleibt der Vorwurf unhaltbar.

Die Weddas habe ich vor Jahren auf Sri Lanka kennengelernt. Sie waren das Ziel meiner dortigen Expedition, und ich lebte vier Wochen bei ihnen im Dschungel. Heute steht der ihnen verbliebene Lebensraum unter Schutz – eine gute Sache, denn es sollen die letzten dieses Volksstammes sein.

Weddas sind tatsächlich schlanke, drahtige Menschen von kleinem bis mittlerem Wuchs. Von der Größe her könnte ein Lippenbär sehr wohl aufrechtstehend mittels eines Prankenhiebes den Kopf eines Weddas treffen. Aber im Unterschied zu anderen Bären haben Lippenbären auch in der Hinterpranke nur wenig Kraft. So können sie nur sehr kurze Zeit aufrecht stehen, verlieren schnell das Gleichgewicht und fallen gleich wieder vornüber. Aufgrund meiner Erfahrungen mit Angriffen von Lippenbären habe ich den Eindruck, daß das Aufrechtstehen nur eine kurze Beobachtungshaltung bei überraschend herannahenden Menschen, Tieren und Fahrzeugen oder allgemein in unvorhergesehenen Situationen ist. Nicht zuletzt möchte ich anführen, daß Lippenbären Lebewesen von der Größe eines Menschen nicht als Beute erkennen und sie schon gar nicht zerreißen.

Ihre Nahrung sind Eier, Honig, Pflanzen ganz allgemein, Blüten und Früchte im besonderen sowie kleine Wirbeltiere. Ihre Hauptnahrung sind jedoch Termiten; allerdings berichte ich später noch von einer mich sehr überraschenden Ausnahme.

Aus all diesen Gründen glaube ich nicht daran, daß Lippenbären die Killer der getöteten Weddas waren. Vielmehr vermute ich menschliche Artgenossen dahinter.

Vorkommnisse mit Lippenbären sind Unfälle und meist in menschlichem Fehlverhalten begründet. Die hieraus resultierenden Verletzungen können zugegebenermaßen fürchterliche Bißwunden sein, völlig unwahrscheinlich sind aber zertrümmerte Schädel.

Auf Sri Lanka hatte ich mehrmals Gelegenheit, freie Lippenbären durchs Fernglas zu beobachten. Während einer solchen Gelegenheit fiel mir kurz vor Sonnenuntergang in einem Uferröhricht etwas Seltsames auf. Eine Lippenbärin trug ihr Junges auf dem Rücken, und neben ihr trottete ein dritter Bär. Das sah aus, als lebten sie im Familienverband miteinander – höchst ungewöhnlich für Bären, die ausgesprochene Einzelgänger sind. Normalerweise finden ein Bär und eine Bärin nur während der Paarungszeit zusammen. Ist die Bärin trächtig, schlägt sie ihren Partner ab. Ihre Jungen zieht sie bis zum Alter von zwei Jahren alleine auf. Um so mehr erstaunte mich das Familienidyll im Dschungel von Sri Lanka. Mir blieb es bis heute ein Rätsel.

Doch zurück zu Alfred. Bald war sie groß genug geworden, um auf Übungen mit ins Gelände zu kommen. Dann lief sie in meiner Nähe zwischen den Soldaten herum, spielte mit ihnen und störte sie bei ihren Tätigkeiten. Nach Dienstschluß war Alfred mit mir fast täglich zwei, drei Stunden draußen vor der Kaserne. War Innendienst angesetzt, wurde sie von einem Soldaten an der Leine ausgeführt.

Die ersten Nächte schlief ich bei der Bärin im Keller, um einen engen Kontakt zu ihr zu gewinnen, was mir auch bald gelang. Aus dienstlichen Gründen mußten diese Nächte zu zweit dann aber eingeschränkt werden.

Je kräftiger die Bärin wurde, desto häufiger demolierte sie das Kellerinventar mit samt ihrer Schlafkiste. Zudem mußten wir im Keller den Strom abstellen, da sie versuchte, mit ihren langen Sichelkrallen die Steckdosen herauszureißen. Natürlich war sie nicht dauernd eingesperrt. Tagsüber durfte sie ins Freie.

Problematisch wurde es, wenn sie Stimmenlärm hörte oder Soldaten im Gebäude ausgelassen beispielsweise einen Geburtstag feierten. Dann versuchte sie, die Tür aufzubrechen, um zu ihnen zu gelangen. Das gelang ihr auch eines Tages, als sie größer und kräftiger geworden war. Bei einer Geburtstagsfeier überraschte sie die Soldaten in Zimmer 16, als sie die Türklinke mit ihrer Pranke niederdrückte und plötzlich aufrecht zwischen ihnen stand. Nach dem Aufbruch der Kellertür war sie die Treppe hochgelaufen und hatte sich schnurstracks zur Party eingeladen. Bei den Soldaten herrschte über diesen Besuch großes Hallo. Alfred genoß die Gesellschaft und die Soldaten hatten ihre Abwechslung. Als sie ihr Bier anboten, packte sie die Flasche mit den Vorderpranken, wie sie es auch mit Milchdosen tat, setzte sich aufs Hinterteil und schlürfte gierig das leckere Gebräu.

Am nächsten Morgen wunderte ich mich über die aufgebrochene Kellertür, die die Soldaten später wieder von außen verkeilt hatten. Als ich eintrat, schlief Alfred den Schlaf der Gerechten. Das überraschte mich, da sie mich sonst immer stürmisch begrüßte. War sie etwa krank? Bei Dienstantritt meldete mir der Unteroffizier vom Dienst, Alfred habe mit der 3. Gruppe unseres Zuges Geburtstag gefeiert. Da atmete ich auf. Während einer Pause in der Geländeausbildung erzählten mir dann die Soldaten die Einzelheiten.

Alfred war an diesem Tag sehr müde und döste ihren Rausch an einem schattigen Örtchen aus. Offenbar wirkt Alkohol auf Bären nicht anders als auf Menschen. Einer der Soldaten, der mitgefeiert hatte, seufzte: »Schade, daß ich kein Bärenmaskottchen bin, dann könnte ich jetzt auch im Schatten auspennen.«

War sie abends noch nicht müde, randalierte sie im Keller, und so blieb mir nichts anderes übrig, als mit ihr zu spielen. Wollte ich dann gehen, hielt sie mich mit ihren Pranken fest. Erst wenn ich mich mit ihr ins Stroh legte, schlief sie mit mir zusammen ein, wobei sie zuvor immer wie ein Säugling an meinem Arm nuckelte.

Leider passierte es mit der Zeit immer häufiger, daß Alfred aus dem Kellerraum ausbrach. Bären finden in Gehegen ziemlich schnell die Schwachstellen ihrer Behausung heraus. Selbst Käfige in Zoos, die für Löwen und Tiger gebaut worden sind, sind vor ihnen nicht ausbruchsicher. Bärenwärter wissen ein Lied davon zu singen. Wir wußten uns jedoch zu helfen. Unsere Kaserne war zuvor eine französische Garnison gewesen, die Zwinger für Diensthunde hinterlassen hatte. So bauten Soldaten aus handwerklichen Berufen diese Zwinger zu einem vergrößerten, ausbruchsicheren und artgerechten Auslaufgehege aus.

Mittlerweile hatte sich die Bärin völlig an uns gewöhnt und suchte immer meine Nähe. Wie selbstverständlich folgte sie mir in den Duschraum, wo sie mit Shampoo eingeseift und unter der Brause abgeduscht wurde. Das war nötig, weil sich in ihrem langen dunklen Fell nach Geländeaufenthalten viel Schmutz festsetzte und sie sich gerne im Dreck wälzte. Wenn wir beim Duschen nackt um sie herumliefen, ging sie auch mit meinen Kameraden zärtlich um. Nur wenn sie im Spiel ihre langen Krallen benutzte, bekamen wir ein paar Kratzer ab. Gefährlich konnte es allerdings werden, wenn im Duschraum gesungen wurde; dann drehte sie durch. Deshalb untersagte ich das Singen, wenn Alfred anwesend war.

Nur zwei Mann unserer Kompanie hielten sich anfangs nicht daran. Der eine hieß Manfred Möllenhof, ein origineller Typ, der mit seinen Späßen gerne alle zum Lachen brachte. Der andere »Duschraumsänger«, der Arien wie Caruso schmettern konnte, war Peter Hofmann. Der selbsbewußte, athletische Bursche war ein ausgezeichneter Zehnkampf-Jugendmeister und vertrat das Bataillon bei internationalen Militärwettkämpfen. Schließlich konnte Alfreds Verhalten auch diese beiden unverbesserlichen Sangesbrüder überzeugen, nur unter der Dusche zu singen, wenn sie nicht dabei war.

Peter Hofmann, heute weltbekannter Opern- und Popstar, kann ich dank seiner Begeisterung und seinem Engagement für Tiere mittlerweile zu meinen besten Freunden zählen. Zwischen den Tourneen besucht er oft unser Wolfsgehege in Merzig. Inzwischen hat er die Patenschaft für meine 1987 geborenen Arktiswölfe übernommen.

Unsere Bärin war gar nicht mehr aus dem Bataillon wegzudenken. Ihr wurde ein gestricktes Band mit der Aufschrift »Maskottchen des Fsch Jg Btl 262« über den Rücken gebunden, und bei Bataillons-Appellen stand sie mit mir am linken Flügel. Bei einer Parade in Bad Bergzabern marschierte sie an der Spitze des Bataillons mit mir hinter dem Kommandeur durch die Stadt. Auch die Zivilbevölkerung hatte sich bald an unser Maskottchen gewöhnt und mochte sie.

Marschierten wir ins Gelände, lief Alfred hinter mir her. Sie hatte immer freien Lauf und brauchte sich an keine militärischen Marschordnungen zu halten. Nur wenn die Soldaten meines Zuges ihr Gepäck ablegten, mußte ich sie mit einer Kette an einen Baum binden, denn mit ihren Sichelkrallen öffnete sie zu gerne die Rucksäcke, warf alles durcheinander und vertilgte aus der mitgenommenen Marschverpflegung alles, was ihr schmeckte. Das gleiche geschah bei der Essensausgabe. Obwohl das Versorgungsfahrzeug ihr Futter mit ins Gelände brachte, näherte sie sich dem Eßgeschirr, und wenn es Verpflegung gab, die ihr behagte, packte sie blitzschnell zu.

Typisch für ihr Verhalten war folgender Vorfall, der großes Gelächter hervorrief: Als die Soldaten auf einem Übungsplatz zur Essensausgabe anstanden, schlich sich die Bärin unbemerkt an, schlug dem Koch mit der Pranke ein halbes Hähnchen aus der Hand, lief damit ein paar Meter weg und verspeiste es ungestört. Der Leidtragende war ich. Da die Fleischrationen immer abgezählt waren, mußte ich mich an diesem Tag mit Kartoffeln und Salat begnügen. Einige Kameraden rissen von ihren Hähnchen ein Stück ab und gaben es Alfred, bis sie sich daran sattgefressen hatte. Ihre mitgebrachte Ration, gekochter Reis und Obst, ließ sie dafür liegen.

Dieses Feinschmecker-Verhalten habe ich bei all meinen Tieren festgestellt. Tiere sind genauso wählerisch wie Men-

Selbst wenn sie angebunden war, ließ Alfred – hier zweieinhalbjährig – selten eine Gelegenheit aus Engerlinge, Ameisen oder Käfer aufzuspüren und sie nach Lippenbärenart genußvoll aufzuschlürfen.

schen. Jeder Tierfreund wird das bestätigen. Diese Erfahrung wird aber nur der machen, der seinen Schützlingen nicht immer nur das gleiche Grundfutter vorsetzt.

Da es hierzulande keine Termiten gibt, erschnüffelte Alfred im Gelände ersatzweise Ameisen. Bei einer solchen Gelegenheit unterlief mir ein kapitaler Fehler, und ich erhielt eine der wichtigsten Lektionen in meinem Umgang mit Tieren, die dem Menschen kräftemäßig überlegen sind. Dabei machte ich zugleich eine grundlegende Erfahrung über das Zusammenleben von Mensch und Tier.

Als ich Alfred ertappte, wie sie einen Ameisenhaufen auseinandernahm, versuchte ich sie davon abzubringen und anzuleinen. Das verstieß aber gegen das natürliche Verhalten von Lippenbären. Alfred stellte sich kurz schnaubend auf die Hinterpranken, ließ sich wieder nach vorne fallen, schlug nach mir und griff mich frontal an. Mir blieb nichts anderes übrig als ihr gegen die Brust zu treten. Aber das nützte wenig. Sie setzte zum erneuten Angriff an, steckte den Kopf zwischen die Vorderpranken und rollte auf mich zu. Geistesgegenwärtig hob ich einen Knüppel auf und schlug auf sie ein, da gab sie auf. Ich hatte mich ihr gegenüber als stärkerer Bär durchgesetzt. Als ich wie gewohnt ruhig auf sie einredete, ließ sie sich von mir anbinden. Das war noch einmal gut gegangen. Durch mein – aus der Sicht der Bärin – unnatürliches Fehlverhalten hatte ich jedoch einen Bruch ihres Vertrauensverhältnisses zu mir riskiert und damit unser bisher funktionierendes Zusammensein gefährdet. Tiere haben für solches Fehlverhalten prinzipiell kein Verständnis – warum auch? – und wehren sich, wenn sie es können, massiv dagegen. Ich lernte, daß, wer sich Tiere angeschafft hat, auch bereit sein muß, ihr Wesen zu akzeptieren und nicht versuchen darf, es zu moralisieren, zu ästhetisieren oder zu manipulieren. Ansonsten muß man die Finger von ihnen lassen.

Da die seltener werdenden Ameisenhügel bei uns geschützt werden müssen und ich unsere Gegend genau kannte und wußte, wo sich die Ameisen befanden, hielt ich Alfred künftig davon fern. Dafür durfte sich unsere Bärin in freier Natur an anderen Leckerbissen laben. Sie hob Wespennester aus, wühlte Engerlinge – unterirdisch lebende, große

weibliche Larven der Blatthornkäfer – aus dem Boden und schlürfte sie; desgleichen Käfer und Maden, die sie aus aufgerissenen alten Baumstämmen hervorholte. Außerdem kletterte sie auf Obstbäume, um Kirschen und andere süße Früchte zu naschen, und in Wald und Flur verputzte sie allerlei Beeren.

Als wir uns einmal auf einem Waldspaziergang einem Dorf näherten, entfernte sie sich am Waldrand von mir. Plötzlich hörte ich Bretterkrachen. Ich lief den Geräuschen nach und sah die Bescherung. Meine Bärin hatte ein Bienenhäuschen aufgebrochen und war dabei, die Waben und den Honig zu fressen. Aus Erfahrung klug geworden, hielt ich sie diesmal nicht davon ab und zahlte dem Imker, der mir eine saftige Rechnung präsentierte, den Schaden.

Da ich auf ähnliche Überraschungen künftig immer gefaßt sein mußte, versuchte ich, die Bärin zu versichern. Aber alle Agenturen machten zur Bedingung, daß die Bärin in der Kaserne blieb. Das war inakzeptabel, denn ich wollte mit Alfred so oft wie möglich im Freien sein.

Meist ging ich mit ihr nach Dienstschluß bei Einbruch der Dunkelheit aus der Kaserne und unternahm lange Wanderungen. In den Sommernächten gingen wir gerne in einem Weiher schwimmen, der am Stadtrand von Bad Bergzabern in der Nähe der Kuranlagen liegt. Da das Baden dort verboten war, schlichen wir uns immer nach Einbruch der Dunkelheit hin. Hatte ich meine Kleidung ausgezogen, durchschwamm ich den 200 Meter langen Weiher, und die Bärin folgte mir. Dabei versuchte sie, sich mit ihren Sichelkrallen an meinem Rücken festzuhalten, was mir jedesmal ein paar Schrammen einbrachte. Wieder am Ufer, schüttelte sie sich ab und lief hinter mir her zu meinen abgelegten Kleidern. Dann marschierten wir erfrischt zur Kaserne zurück.

Im Herbst kam die Bärin in den Genuß von Weintrauben, die sie über alles liebte. In dieser Zeit zog sie die reifen Trauben der von mir angebotenen Nahrung vor. Bald wußte sie, in welchen Weinbergen die süßesten Trauben wuchsen. Rebstöcke mit sauren Trauben mied die Feinschmeckerin. Hatte sie sich sattgefressen – und das bedeuteten jeweils zwei, drei Kilogramm vertilgter Trauben –, marschierten wir wieder heim. Da wir jedesmal einen anderen Wingert aufsuchten, hatte der einzelne Winzer kaum Einbußen, und an den Rebstöcken richtete die Bärin keinen Schaden an. Für mich war das lediglich Mundraub, ein Tatbestand, den es ja mittlerweile leider nicht mehr gibt. Erwischt hat man uns nie.

Im Wald suchte die Bärin eßbare Kastanien, Hagebutten, Heidelbeeren und andere wohlschmeckende Früchte. So konnte sie in der Südpfalz recht artgerecht leben. Obwohl wir in der Kaserne genug Futter für sie hatten, wollte ich es ihr nicht verwehren, sich Nahrung nach eigenem Geschmack zu suchen.

Besondere Erlebnisse mit Alfred

Damals war ich gerade jung verheiratet. Meine Frau Erika, die als Fremdsprachenkorrespondentin arbeitete, ist eine geborene Berlinerin. Vom Großstadtleben geprägt, hatte sie bis dahin wenig mit Tieren zu tun gehabt und hielt anfangs auch nichts davon, mit ihnen zusammenzuleben, schon gar nicht mit einem ausgewachsenen Landraubtier. Doch bald fand auch sie Gefallen an unserer Bärin und gewöhnte sich allmählich an sie.

Damit sich Alfred auch ab und zu mal in anderen Landschaften austoben konnte, fuhren wir öfter mal weit aufs Land hinaus. Erika saß am Steuer, die Bärin und ich hockten hinten, wo wir für diesen Zweck die Sitzbank ausgebaut hatten. Während einer solchen Fahrt war die Bärin gewöhnlich ganz ruhig und betrachtete die Gegend durch das Wagenfenster. An unserem Ziel angelangt, stieg ich zuerst aus, dann folgte die Bärin, die sofort zur Fahrertür eilte. Stieg Erika aus, packte Alfred sie blitzschnell an den Beinen und zerrte an ihr. Erika konnte sich beim ersten Mal gerade noch am Wagen festhalten, sonst wäre sie gestürzt. Dieser Vorgang wiederholte sich bei späteren Ausflügen mehrmals. Da meine Frau künftig darauf gefaßt war, sprang sie jedesmal schneller aus dem Auto als Alfred und ich. Bald spürte ich bei diesem »Spiel« Alfreds eine gewisse Bedrohung für Erika. Was noch Spiel war, konnte eines Tages auch plötzlich ernst werden, denn ich merkte, daß dieses Verhalten der Bärin durch Eifersucht motiviert war. Ich nahm mir vor, künftig ein Auge darauf zu haben.

Bei den sich solchen Fahrten anschließenden Waldspaziergängen tollte Alfred um uns herum und suchte Futter. Besonders gerne kletterte sie über schwankende Baumstämme, die im Wald herumlagen. Dann wieder lief sie zu Erika und ließ sich von ihr kraulen, als sei nichts gewesen. Sobald ich mich aber dazu setzte und mit Erika zu plaudern begann, versuchte die Bärin sofort meine Frau zur Seite zu drängen, um an meinem Arm zu nuckeln. Im Spaß sagte ich zu meiner Frau einmal, daß ich wohl mit zwei Frauen verheiratet sei.

Obwohl Bären von Natur aus Einzelgänger sind, scheinen sie sich, wenn sie von Menschen aufgezogen wurden, manchmal ganz ähnlich wie diese zu verhalten, ja gar den Menschen als Sexualpartner zu akzeptieren. Ich sollte bei allen meinen Bärinnen noch die Erfahrung machen, daß sie sich mir anboten. Das gilt für Lippenbären, allerdings nicht für andere Bärengattungen.

Eines Abends besuchte ich mit Alfred in einem Nachbarort einen befreundeten Bauern. Während ich mit ihm im Keller Wein trank, drang die Bärin, die ich offensichtlich zu lose angebunden hatte, in dessen Hühnerstall ein. Als wir herauskamen, sahen wir, daß sie auf dem Hof ein Huhn zerriß. Erschrocken leuchteten wir mit der Lampe den Hühnerstall aus, stellten aber fest, daß die anderen Hühner noch lebten. Sie drängten sich verängstigt in einer Stallecke zusammen. Daß die Bärin alle Eier gefressen hatte,

sahen wir an den herumliegenden Schalen. In den Stall war sie gelangt, indem sie sich auf die Hinterbeine gestellt und mit den Vorderpranken und ihren langen Krallen den Türriegel zurückgeschoben hatte. Diesen Wirkungszusammenhang hatte sie an entsprechenden Türen auf unserem Kasernengelände schon längst gelernt. Als ich den Schaden bezahlen wollte, winkte der Bauer lachend ab: »Das Huhn habe ich Deiner Bärin spendiert und die Eier machen uns nicht arm.«

Nur vier Kilometer von der Kaserne entfernt lag das Waldlokal »Wappenschmiede«. Hierher gingen Alfred und ich abends des öfteren. Das Lokal wurde von drei Schwestern bewirtschaftet. Zwei der Damen freuten sich, wenn die Bärin und ich in ihr Lokal kamen, die dritte hatte Angst vor dem Tier und duldete uns nur.

An Alkohol hatte Alfred Gefallen gezeigt, seit sie bei jener Geburtstagsfeier mitgezecht hatte. Sie trank allerdings nur mäßig und konnte auch nicht viel vertragen. Nach einem üppigen Abendessen in der Kaserne genügten ihr in der Wirtschaft zwei Glas Bier und ein kleiner Schnaps. Anschließend legte sie sich unter den Tisch und ruhte oder schlief, bis ich sie nach dem Zahlen der Zeche ansprach. Dann stand sie sogleich auf und folgte mir heim in die Kaserne. Die frische Luft auf dem Rückweg tat uns beiden stets gut. Bei diesen Ausflügen lief sie immer frei und ohne Maulkorb hinter mir her. Nur vor dem Überqueren der zwei Straßen leinte ich sie an.

Als wir uns eines Abends gegen

23 Uhr der Kaserne näherten, war Alfred hinter mir plötzlich verschwunden. Ich rief nach ihr, aber sie kam nicht; das war ungewöhnlich. Rasch ging ich den Weg zurück. Da sah ich, wie sie auf einem Autoschrottplatz aufgerichtet an einem VW-Käfer lehnte und ihn brummend, die Pranken auf dem Dach, heftig hin und her schüttelte. Im Licht meiner Taschenlampe bemerkte ich, daß der Wagen ein Nummernschild hatte, also noch zugelassen war. Mir schwante schon, daß jemand darin saß, denn für ein leerstehendes Fahrzeug hätte sich die

Bärin sicher nicht interessiert. Ich trat zu ihr hin, leuchtete in den Wagen und traute meinen Augen nicht: Auf dem Hintersitz lag verängstigt ein nacktes Liebespärchen eingezwängt. Die beiden müssen sich wie in einem Horrorfilm vorgekommen sein. Sofort band ich die Bärin an und verließ mit ihr ohne ein Wort die Stelle. Als ich meinen Kameraden am nächsten Tag von dem Vorfall erzählte, kugelten sie sich vor Lachen. Auf eine Anzeige wegen Lackbeschädigung wartete ich natürlich vergebens.

Obwohl Alfred und ich nur ein oder

Auch Bären haben Leidenschaften: Regelmäßiges Duschen war nötig, um das lange Haar von Dreck und Ungeziefer zu säubern.

zwei Mal in der Woche die gemütliche Waldwirtschaft aufsuchten, bekamen wir dort einen Stammtisch. Weil er in der Ecke des Gastraumes stand, konnte die Bärin anderen Gästen keine Getränke wegschnappen. Das war nämlich schon passiert. So plauderte ich einmal mit einem Winzer an der Theke, als sie hinter mir blitzschnell einem Gast einen Schoppen Wein vom Tisch klaute, sich mit dem Glas zwischen den Pranken hinhockte und es zur Gaudi aller austrank. Daraufhin spendierte ich eine Wirtshausrunde.

Die Gäste kamen aus den umliegenden Pfälzer Weindörfern, wir kannten uns, und sie freuten sich, wenn ich mit Alfred auftauchte. Bald hieß unser Platz nur noch der »Bärentisch«. Die meisten Stammgäste des Lokals setzten sich gar nicht erst dorthin, damit sie nicht aufzustehen brauchten, wenn wir beide antrotteten. Die hiesigen Pfälzer, fleißige und natürliche Leute, zeigten uns gegenüber viel Verständnis. Als Originale hatten wir beide dort eine Art Narrenfreiheit. Auch wurden wir sofort vor allen anderen bedient, weil die Bärin durstig war, wenn sie die Wirtschaft betrat – wohl um zu verhindern, daß sie sich selbst bediente. Bald hatte es sich in der ganzen Gegend herumgesprochen: »Der Werner Freund und seine Bärin gehen in der Wappenschmiede öfter einen trinken.« Das lockte natürlich Neugierige an, so daß sich der Umsatz des Waldlokals erheblich steigerte. Die drei Wirtinnen baten mich sogar, unsere Besuche im voraus anzukündigen, weil sie sich für diese Abende noch mehr Gäste erhofften. Doch das lehnte ich mit der Antwort »Wenn wir da sind, dann sind wir da« strikt ab. Ich wollte keinen Trubel um Alfred haben.

Nach einer Treibjagd war ich mit einem befreundeten Jäger an einer Kreuzung im Wald verabredet. Man hatte zwei Rehe und ein Wildschwein geschossen und sie auf Reisig gelegt. Alfred lief frei herum, die Jagdhunde wichen ihr aus oder bellten sie an. Die Bärin war ihnen offenbar nicht geheuer. Sie wiederum nahm die Hunde nicht ernst. Ich begrüßte einige Jäger, die viel über ihr Waidwerk erzählten, stolz auf ihre Traditionen waren und die meine Bärin kannten. Unterdessen gelangte Alfred unbemerkt an das erlegte Wild, drehte ein Reh mit ihren Pranken um und begann ihm den Windfang aufzufressen. Auf einmal rief einer der Jäger: »Der Bär frißt das Reh!« Im Nu herrschte Aufregung, die vertrauensselige Stimmung schlug um. Einige Jäger bedachten mich mit unfreundlichen Bemerkungen, weil sie wohl glaubten, ich hätte die Bärin absichtlich an das Wild gelassen. Gewaltsam mochte ich sie nicht losreißen, sonst hätte sie mir gegenüber die Beute verteidigt. So überlistete ich sie mit ihrer Lieblingsnahrung, einer Dose Büchsenmilch, die ich aus der Tasche zog und öffnete. Sogleich trottete sie heran, setzte sich auf ihr Hinterteil, nahm die Dose mit der Vorderpranke und trank wie ein Mensch. Währenddessen leinte ich sie an. Die Jäger beruhigten sich, nur einer meinte, man solle die Bärin erschießen. Auf meine Frage, ob er das im Ernst meine, erwiderte er grimmig: »Ja, denn Bären haben hier im Wald nichts zu suchen.« Die anderen lachten ihn aus, und einer sagte spöttisch zu ihm: »Sei froh, daß die Bärin nicht Dir die Nase abgebissen hat.« Solche Typen trifft man überall. Warum sie sich jedoch ausgerechnet dem Waidwerk verschreiben, das heutzutage immer auch zu Hege und Pflege von Tierbeständen verpflichtet, kann ich nur vermuten: die eitle Lust am Abknallen, ohne jeden inneren Bezug zur Natur.

Wenn ich dienstlich verhindert war, teilte ich Soldaten meines Zuges zur Fütterung der Bärin in der Kaserne ein. Sie kannte ja meine Kameraden und ließ sie ohne weiteres in das Gehege. Aus der Küche bekam sie süßen Milchreis und dazu Obst und Weißbrot. Schwarzbrot mochte sie nicht, das war ihr zu sauer.

Nur ein Soldat, der nichts für Tiere übrig hatte und obendrein ein ausgekochtes Schlitzohr war, versuchte sich vor der Einteilung zur Fütterung zu drücken. Das war mein Fahrer Peter Daschke, ein Oberhesse wie ich, mit dem ich gewöhnlich in unserem Heimatdialekt sprach. In der Pause einer Geländeübung erzählte er schelmisch seinen Kameraden, er habe der Bärin statt Zucker Salz in den Brei gegeben. Sie habe böse geprustet und er sei gleich raus aus dem Gehege. Damit wollte er bezwekken, daß ich ihn wegen Unfähigkeit nicht mehr zur Fütterung einteilte. Da ich das zufällig mitangehört hatte, dachte ich mir eine List aus. Abends befahl ich Daschke, die Bärin am folgenden Morgen nochmals zu füttern und gab vor, daß ich den dafür eingeteilten Soldaten für die Nahkampfausbildung benötigte. Daschke sah mich fassungslos an. Als er am

nächsten Tag das Gehege betrat, rächte sich die Bärin für den versalzenen Brei, indem sie ihm mit der Pranke die Futterschüssel aus der Hand schlug und ihn kräftig in den Arm biß. Die Wunde mußte er sich im Sanitätsrevier nähen lassen. Als er sich eine Stunde später mit verbundenem Arm bei mir zurückmeldete, fragte ich ihn ironisch: »Wo haben Sie denn Nahkampf geübt?« Daschke grinste und lachte lauthals, als ich nachsetzte: «Oder haben Sie Alfred wieder Salz in den Brei gegeben?« Er dachte zuerst, einer seiner Kameraden hätte ihn verpfiffen, doch das stellte ich gleich richtig. Trotzdem hatte Daschke erreicht, was er wollte. Er brauchte die Bärin nicht mehr zu füttern, denn das Risiko, daß er wieder gebissen würde, war mir zu groß. Von seinem selbstverschuldeten Malheur hatte er dem Sanitäter natürlich nichts erzählt. Mit den anderen Soldaten unseres Zuges blieb die Bärin weiterhin gut Freund.

Ihre erste Auslandsreise machte unser Maskottchen, als sie mit unserem Bataillon zu einem Manöver nach Sardinien flog. Die Bärin bestieg mit mir das Transportflugzeug, als sei sie das gewöhnt. Ihr Vertrauen zu mir ließ sie nicht zögern. Wo ich hinging, ging sie mit. Nur beim Start war sie etwas ängstlich und klammerte sich an mir fest, was sich aber änderte, als wir Reisehöhe erreicht hatten. Wir lagen beide im Heck des Flugzeuges, wo ich sie von der Leine löste. Nach der Landung stieg sie in aller Ruhe aus.

In Sardinien biwakierten wir in der Nähe des Flughafens. Alfred schlief mit mir in einem Zweimannzelt. Einmal am Tag ließ ich ihr süßen Milchreis kochen, ansonsten bekam sie die normale Truppenverpflegung. Nur gesalzene Nahrung lehnte sie ab. Deshalb besorgte ich ihr noch zusätzlich Obst. Sie lief frei zwischen unseren Zelten herum, grub Löcher und suchte nach Engerlingen, Ameisen und deren Eiern, die sie geräuschvoll einsaugte. Ferner hob sie Wespennester aus. Die um sie herumsurrenden Wespen machten ihr nichts aus. Nur ich hielt dann von ihr Abstand, da die Wespen teilweise in ihrem langen Pelz hingen und ich bei solchen Gelegenheiten schon mehrmals gestochen worden war.

Während der drei Wochen in Sardinien bewachte die Bärin unser Lager gegen die vielen streunenden Hunde, die bei uns nach etwas Freßbarem suchten. Um unser Revier zu verteidigen, lief sie auf die Hunde zu, stellte sich kurz vor ihnen auf die Hinterbeine und drohte schnaubend, indem sie mit ihren Tatzen nach den Hunden schlug. Meist zog die Meute ziemlich bald mit eingezogenen Schwänzen davon. Als sie einen großen Hund vor unserem Zelt an ihrer Futterschüssel überraschte, versetzte sie ihm von hinten einen Prankenschlag auf den Rücken, so daß er zu Tode erschrocken jaulend das Weite suchte.

Auch auf dem Rückflug benahm sich die Bärin wie ein ordentlicher Passagier. All dies beweist, wieviel Vertrauen sie zu mir als dem von uns beiden stärkeren Kumpanen hatte, dem sie sich unterordnete. Nur dadurch war es möglich, das Tier Situationen auszusetzen, mit denen sie in freier Wildbahn niemals konfrontiert worden wäre und die ihr hätten bedrohlich vorkommen müssen. Ohne diese enge Beziehung zu ihr, wäre ich also ihr gegenüber nur als eine Art Pfleger oder gar nur als Wärter aufgetreten, wäre sie auf dem Flughafen bestimmt durchgedreht. Ich weiß nicht, ob je zuvor ein Großbär ohne Maulkorb und ohne Anleinung inmitten einer Schar Menschen in einem Flugzeug mitgeflogen ist.

Auch im Jeep fuhr sie mit mir ins Gelände. Dabei nahm sie beide Hintersitze ein. Hier mußte ich sie freilich anbinden, da ich Angst hatte, sie könnte während der Fahrt aus dem offenen Jeep springen. War das Verdeck geschlossen, war das nicht nötig. Zu beachten hatte ich vor dem Start einer solchen Fahrt immer, daß ich im Jeep saß, bevor der Motor angelassen wurde, sonst schlug sie mit den Pranken auf den Fahrer ein. Einmal wäre es fast ins Auge gegangen. Ich sollte unsere Kompanie vom Truppenübungsplatz Baumholder zum Lager zurückführen. Alfred hatte ich bereits im Jeep angekettet, stand aber noch vor der angetretenen Kompanie. Im Übereifer ließ mein Fahrer den Motor an. Im selben Augenblick versetzte die Bärin ihm von hinten einen gut sitzenden Schlag gegen die rechte Schulter, so daß er kopfüber aus dem Jeep flog. Erst als ich der Bärin gut zuredete, beruhigte sie sich, und wir konnten losfahren.

Was für verblüffende Erkenntnisse man über Tiere gewinnt, wenn man sein Wissen nicht nur aus der Fachliteratur schöpft und die Tiere nicht in einem Zwinger oder Gehege ihr Dasein fristen läßt, sondern sich auf sie einläßt, sie beobachtet und bemüht ist, ein Vertrauensverhältnis zu ihnen aufzubauen, bewies mir wieder einmal eines jener Einzelkämpferlager im Pfälzer Wald, zu denen ich unsere Bärin mitzunehmen pflegte. Sie schlief mit mir im Zweimannzelt oder in einer der zahlreichen Sandsteinhöhlen. Wir waren auf uns alleine gestellt und ernährten uns nur von dem, was die Natur hergab. Darüber hinaus wollte ich meinen Soldaten das Fangen und Ausnehmen von Fischen beibringen – wozu ich die Erlaubnis eines Freundes eingeholt hatte, in ein oder zwei seiner nahegelegenen Teiche Fische zu fangen. Ich brachte den Soldaten auch bei, wie man Wild ohne Schußwaffe erbeutet – theoretisch. Die benötigten Tiere, an denen ich das Zerwirken und Abhäuten demonstrierte, wurden mir zur Verfügung gestellt. Zur Versorgung mit Frischfleisch ließ ich in dieser abgelegenen Gegend zwei angepflockte Hammel auf einem Grasweg weiden. Bei der vorgesehenen Schlachtung wollte ich vorführen, was man in der Not alles verzehren kann: nämlich alles außer den Knochen, der Decke, der Galle, den Füßen, dem Magen und dem Darminhalt. Vier Tage nach der Schlachtung des ersten Hammels kam ich von einer Übung zurück, als mir die Lagerwache meldete, Alfed sei seit einer halben Stunde verschwunden. Das passierte öfter, denn die Bärin suchte in der Umgebung des Lagers ständig nach Freßbarem. Wenn ich dann laut ihren Namen rief, kam sie meistens gleich zurück. Nur wenn sie allzu sehr auf eine Beute fixiert war, gehorchte sie

ihrem Trieb mehr als mir, wofür ich Verständnis hatte. Nur, diesmal kam sie auf mein Rufen nicht zurück. So suchten wir nach ihr und fanden sie auf der Hammelwiese, wo sie den zweiten Hammel gerissen hatte und gerade an seinem Haupt fraß. Ich war platt. Damit hatte ich nicht gerechnet.

Dies war genau die von mir zu Anfang des Kapitels erwähnte Ausnahme. Der Fachliteratur zufolge ernähren sich Lippenbären in ihrer südasiatischen Heimat hauptsächlich von Pflanzen, Honig, Termiten und Kerbtieren. Dies entsprach auch dem, was ich bisher bei Alfred beobachtet hatte. Um so mehr verblüffte es mich, daß sie auch wie andere Großbären ein Tier in der Größe eines Schafes gerissen hatte. Demnach müssen die ohnehin spärlichen Informationen über Lippenbären in der Fachliteratur ergänzt werden – zugleich eine Aufforderung an Zoologen, Lippenbären besser zu erforschen. Oder war dies nur ein Einzelfall, bedingt durch das Leben Alfreds in einer für ihre Art fremden Umgebung? Ich weiß es nicht. In diesem Vorfall sehe ich auch keine Widerlegung meiner Überlegungen zur Mordsache »Weddaschädel«.

Trotz meiner Überraschung und meiner anfänglichen Wut überließ ich der Bärin die Beute. Sie kam nach einiger Zeit ins Lager zurück. Den Hammel konnten wir verwenden, da er nur an Haupt und Träger aufgerissen war und die Bärin nicht viel davon gefressen hatte. Verständlich – sie konnte bei der guten Versorgung, die sie bei uns genoß, ja auch nicht besonders hungrig gewesen sein.

Nächtlicher Damenbesuch auf der Stube ist normalerweise nicht gestattet. Doch auf allerhöchsten Befehl wurde bei Alfred eine Ausnahme gemacht.

die Uniform trugen. Hielten wir uns in der Kaserne auf, betrachtete sie diese als Revier ihrer Familie, waren wir im Gelände, dann ließ sie niemanden in unser Waldlager oder dessen nähere Umgebung, der nicht Uniform trug: ein Beweis für das Differenzierungsvermögen von Bären, die eine bestimmte einheitliche Kleidung, die ihnen vertraut ist, sehr wohl von bunt zusammengewürfelter Zivilkleidung zu unterscheiden wissen. Andere, spätere Erfahrungen, zeigten mir, daß Alfred auch ausländische Soldaten akzeptierte, wenn sie ähnliche Uniformen trugen. Fremde Sprachen irritierten sie aber immer wieder. Offensichtlich konnte sie deren besonderen Tonfall und Klangfarbe von denen des ihr vertrauten Deutsch unterscheiden.

Doch vorerst zurück zu unserem Waldlager: Sowie sich ein Fremder näherte, stellte sie sich aufrecht vor ihn hin, prustete und bewegte die Vorderpranken wie ein Boxer. Darum befahl ich der Lagerwache, in meiner Abwesenheit gut aufzupassen und Fremde zurückzuweisen. Das konnten Förster, Waldarbeiter oder Spaziergänger sein. Angegriffen hat sie keinen von ihnen. Mit klassischer Revierverteidigungs-Gebärde machte sie jedem Eindringling deutlich: Bis hierher und nicht weiter. Wich er zurück, gab sie ihre Verteidigungshaltung auf.

Als sich eines Morgens ein Waldarbeiter durch das Fichtendickicht unserem Lager näherte, stellte ihn Alfred, woraufhin er um Hilfe schrie. Erschrocken lief ich hin, um den Mann zu beruhigen. Sogleich beendete die Bärin ihre Drohgebärden, und der Waldarbeiter konnte

Obwohl Bären als Einzelgänger gelten, zeigte Alfred ein regelrechtes Rudelverhalten, das sie oft vorstellungsreif inszenierte. Als ihre Familie betrachtete sie die Angehörigen unseres Bataillons, die sie persönlich kannte oder Soldaten, ohne Probleme unser Lager betreten.

Nicht weniger mußte ich aufpassen, wenn uns die Bärin auf Truppenübungsplätze begleitete und amerikanische oder französische Soldaten unser Gelände betraten. Fremden Sprachen konnten sie aus der Ruhe bringen, so daß sie aus ihrer Aufregung heraus aggressiv werden konnte. Das legte sich aber, sobald sie merkte, daß von den fremden Soldaten keine Gefahr drohte. Diese Nervosität oder gar Aggressivität fremdsprachigen und damit unbekannten Lauten gegenüber wiederholte sich bei all meinen Bären. Deshalb möchte ich die oben gezogen Schlußfolgerungen bezüglich des Differenzierungsvermögens von Bären so allgemein formuliert sehen.

Aufgrund solcher Episoden wie den geschilderten war unsere Bärin längst vom Bataillonsmaskottchen zum lebenden Symbol der 262er aufgestiegen. Denn welche militärische Einheit hatte schon eine auf Soldaten geprägte Bärin, die zudem alle anderen Fallschirmjäger als »Familienangehörige« betrachtete und mit ihnen den Dienst versah. Sie wurde sogar formell zur Obergefreiten befördert.

Alfred nahm an allen Manövern, Vorbeimärschen zu Fuß oder im Jeep, an Bataillonsappellen oder Besuchen von NATO-Generälen teil und wurde ihnen vorgestellt. Dadurch gehörte es auch zu meinen Pflichten, als »Bärenmensch« zusammen mit der Bärin bei Empfängen aufzutreten. Anläßlich solcher Empfänge bezeugte »Obergefreite Alfred« natürlich keinerlei Respekt, sondern machte stets, was sie wollte. Dafür typisch war

die Begegnung mit dem berühmten französischen Fallschirmjägergeneral Massu, der unsere Einheit auf dem Truppenübungsplatz in Münsingen besuchte. Ich sollte ihm die Bärin im Offizierszelt des Bataillons vorstellen. Als ich mit ihr eintrat und salutierte, ahnte ich plötzlich, was geschehen würde, denn der General hatte einen vollen Bierhumpen auf seinem Tisch stehen. Noch ehe ich einschreiten konnte, schnappte Alfred den Maßkrug mit den Vorderpranken, setzte sich auf ihr Hinterteil und trank das Bier in einem Zug aus. General Massu blieb erst die Spucke weg, dann brach er mit den Offizieren lauthals in Gelächter aus. Der Vorfall sprach sich schnell herum, und bald lachte die ganze Luftlandedivision darüber.

Ich hatte zu Beginn des Kapitels die Aggressivität von Lippenbären angesprochen, wenn sie aus dem Schlaf geschreckt werden. Kurz nach der Episode mit General Massu ereignete sich ein Vorfall während eines Rangerlagers im Pfälzer Wald, der dieses Verhalten sehr gut illustriert.

Die Bärin hatte dort ihr Lager in einer Sandsteinhöhle – zusammen mit meinem Kameraden Sepp Messner und mir. Meine übrigen Leute, zirka 30 Mann, übernachteten ebenfalls in Höhlen, die weit auseinanderlagen. Nach einer langen Nachtausbildung sollte uns alle der Streifenposten um 10 Uhr wecken. Er wußte, daß er vor unserer »Bärenhöhle« von weitem rufen mußte, um die Bärin nicht zu erschrecken und sie damit zu einem Angriff zu provozieren. Sepp, Alfred und ich schliefen jedoch so fest, daß wir den Weckruf überhörten. So ging der Streifenposten direkt zu unserer Höhle, die über einem Steilhang lag. Mit einem Male schrak Alfred neben mir aus dem Schlaf und stürzte hinaus. Sekunden später wachte ich durch Geschrei und Gepolter auf. Was war geschehen? Die aufgeschreckte Bärin hatte dem Streifenposten vor der Höhle einen Prankenschlag versetzt und sich in ihn hineingerollt, so daß er den Abhang hinunterkullerte. Alfred stand indessen auf den Hinterpranken und schaute ihm verdutzt nach. Zum Glück besitzen Lippenbären im Vergleich zu ihren Verwandten, den Braunbären, wie gesagt nur eine schwache Schlaghand, so daß der Pechvogel nur ein paar leichte Prellungen abbekommen hatte, die der Sanitäter gleich versorgte.

Am Lagerfeuer herrschten unterschiedliche Meinungen über das Malheur. Manche lachten, andere murrten, bei der »Bärenhöhle« würden sie sich nicht mehr blicken lassen, schließlich sei man doch nicht im Wilden Westen.

Damit sich derartiges nicht mehr wiederholte, fertigte ich ein simples Alarmgerät an: eine Blechdose mit einem Stein und Draht versehen. Ich befestigte die Apparatur an einer Astgabel vor unserer Höhle und legte den Draht zur 50 Meter entfernten Nachbarhöhle. Wenn man dort daran zog, klapperte bei uns die Blechbüchse als Wecksignal.

Obwohl die Bärin mit allen Soldaten des Waldlagers Umgang pflegte, duldete sie nur Sepp Messner in unserer Höhle. Er war, wie sein berühmter Namensvetter, der Bergsteiger Reinhold Messner, Südtiroler und wie ich auf dem Dorf

aufgewachsen. In der Jugend hatten er auf den Alpmatten Ziegen und ich in Oberhessen Schafe gehütet. Als Naturbursche verstand er sich mit der Bärin besonders gut. Insgeheim litt er jedoch unter einem Trauma, wie sich während einer Nahkampfausbildung herausstellen sollte.

Für Nahkampfausbildungen konnte ich eigene Ideen entwickeln und nach Absprache mit dem Kompaniechef realisieren. Bei der Planung einer Abschlußübung dachte ich mir etwas Besonderes aus. Ich wollte herausfinden, wie sich jeder einzelne meines Zuges bei einem Überfall im Dunkeln verhielt. Dazu sollte sich einer nach dem anderen durch eine finstere, teils unter Wasser stehende 100 Meter lange Bunkeranlage aus dem Zweiten Weltkrieg pirschen und ohne eine Taschenlampe zu benutzen Schlupfwinkel und den Ausgang ausfindig machen. Keiner der 22 Männer wußte freilich, daß ich mich in dem Labyrinth verborgen hatte, um jeden einzelnen zu überfallen und seine psychische Standfestigkeit zu testen. Danach führte ich den jeweiligen Kameraden aus dem Bunker und sorgte dafür, daß er den anderen nicht verriet, was sie erwartete. Jeder reagierte auf meinen Angriff im Dunkeln anders: Die einen schlugen sofort lautlos und hart nach Rangerart zurück, andere wehrten sich mit wildem Geschrei, einige ergriffen in panischer Angst die Flucht und ein paar Überfallene waren so schockiert, daß sie vor Schreck erstarrten und überhaupt nicht reagierten. Obwohl ich mich nach jeder Attacke als ihr Oberfeldwebel zu erkennen gab, droschen manche voller Rage weiter auf mich ein. Noch nie habe ich so viele Schläge einstecken müssen. Ich hatte ein blaues Auge, geschwollene Lippen und Würgemale am Hals. Ein solcher Test ist in der Bundeswehr nicht üblich und ging allein auf meine Kappe. Fazit: Diejenigen mit dem größten Mundwerk erwiesen sich als Hasenfüße. Die meisten anderen jedoch waren seelisch und körperlich der Situation gewachsen.

Am meisten verblüffte mich die Reaktion von Sepp Messner. Während ich im dunklen Bunker geduckt auf ihn lauerte, tastete er sich an der Mauer entlang und erwischte plötzlich meinen Haarschopf. Sofort erstarrte er vor Schreck und klammerte sich, obwohl ich mich zu erkennen gab, krampfhaft an mich. Das hatte ich von dem sonst so ruhigen Naturburschen nicht erwartet. Am Bunkerausgang angekommen, fragte ich ihn erstaunt, was mit ihm los sei. Da erzählte er mir stockend eine sonderbare Geschichte.

Als Sepp in seinen Südtiroler Bubenjahren Ziegen hütete, fehlte eines Abends beim Einpferchen ein Tier. Weil der Herdenbesitzer glaubte, die Ziege habe irgendwo draußen ein Junges geboren, machten sich die beiden gleich auf verschiedenen Wegen auf die Suche nach ihr. Sepp kletterte in der Dämmerung zwischen Felsspalten umher, bis er etwas schwarzes Haariges vor sich liegen sah. In der Annhame, dort lauerte die entlaufene Ziege, stürzte er sich darauf. Zu seinem Entsetzen hielt er den langen schwarzen Haarschopf einer toten Frau in den Händen. Sie galt seit längerer Zeit im Dorf als vermißt, und man hatte ver-

geblich nach ihr gesucht. Sepp hatte das schockierende Jugenderlebnis nie verwunden. Daher war er geradezu paralysiert, als er im dunklen Bunkerinneren unversehens in meine Haare griff. Ich erwähne diese Episode, um zu zeigen, daß schlechte Erfahrungen im Entwicklungsstadium das Seelenleben von Menschen genauso prägen wie das von Tieren.

So wird sich jemand, der als Kind von einem Hund gebissen wurde, später schwerlich mit Hunden anfreunden. Elefanten vergessen nie, was sie von ihren Wärtern an Gutem und Schlechtem erfahren haben. Mancher Wärter wurde schon von einem Elefanten an die Wand gedrückt oder gar zertrampelt, weil er das Tier in seiner Jugend falsch behandelt oder ihm Schmerzen zugefügt hatte.

Während meiner nun vieljährigen Wolfsforschung konnte ich beobachten, daß sich Wölfe ihr Leben lang an negative Erlebnisse in ihrer Welpenzeit erinnern. Ausführlich habe ich dieses Phänomen in meinem Buch »Der Wolfsmensch« beschrieben.

Ähnliches stellte ich auch bei meinen verschiedenen Bären fest, mit denen ich 17 Jahre lang zusammen lebte. Alfred zum Beispiel weigerte sich, unsere leere Kasernen-Turnhalle zu betreten, weil während ihrer Anwesenheit einmal eine Musikkapelle spielte; das für sie ungewohnte ohrenbetäubende Konzert hatte sie so nervös gemacht, daß ich mit ihr den Saal hatte verlassen müssen.

Wenn ich mit Alfred und später mit anderen Bären im Wald Reitern begegnete, erschraken die Bären jedesmal vor den Pferden. Vor Reitern nahmen sie von jung auf eine Abwehrhaltung ein; das blieb auch so, als sie ausgewachsen waren. Offensichtlich empfinden Bären eine angeborene Scheu vor Tieren, die ihnen an Körpergröße überlegen sind; trotz ihrer in der Regel überlegenen Körperkräfte. Für mich ein Hinweis darauf, daß Bären von Natur aus eher Vegetarier und nur in Ausnahmefällen Fleisch- oder Aasjäger sind und somit in ihnen nicht, wie etwa bei Raubkatzen, sofort Jagdinstinkte geweckt werden. Bei Alfred lag aber auch hier ein traumatisches Erlebnis zugrunde. Im Alter von drei Jahren war auf einer Wiese ein Reiter frontal auf sie zu galoppiert und hatte Alfred dadurch in heillose Panik versetzt.

Von all meinen Bären eignete sich Alfred am besten für das Leben unter Menschen. Sie akzeptierte selbst Kinder, wenn sie diese in meiner Gegenwart kennenlernen konnte. So ging ich öfters mit ihr, einem Kameraden und seinen sechs und acht Jahre alten Söhnen spazieren. Im Winter liefen die Buben neben der nur vier Jahre alten Bärin her, und sie ließ sich von ihnen das Fell kraulen. Solche Vertraulichkeiten duldete sie allerdings nur, wenn sie Menschen länger kannte. Fremden gegenüber benahm sie sich zurückhaltend, außer diese weckten ihr Interesse, nervten oder ärgerten sie.

Bevor ich am Beispiel meines ersten Bären zeige, wie man Tiere auch in den Unterhaltungbranchen einsetzen kann, ohne daß sie durch Dressur oder gar unmittelbaren Zwang dazu gebracht werden, artfremde Kunststücke an den Tag

zu legen, soll noch jener Vorfall berichtet sein, der Alfred NATO-Berühmtheit einbrachte.

Im Mai 1965 zog unser Bataillon für drei Wochen auf den Truppenübungsplatz Grafenwöhr. Da ich als Zugführer bei der Ausbildung alle Hände voll zu tun hatte und scharf geschossen wurde, ließ ich die Bärin im Lager zurück, wo sie ein vom Außendienst befreiter Soldat, den sie kannte, beaufsichtigte. Am Nachmittag meldete er mir per Funkgerät, daß Alfred verschwunden sei. Rasch fuhr ich im Jeep zurück und rief überall nach ihr, aber sie tauchte nicht auf. War sie etwa Richtung Übungsgelände entwischt und tapste sie im Kugelhagel umher? Voller Sorge rief ich den amerikanischen Truppenübungsplatz-Kommandeur an und bat nach kurzer Lageerklärung um Feuereinstellung auf allen Schießbahnen. Der US-Kommandeur, offenbar ein Tierfreund, reagierte sofort und befahl allen Einheiten, statt zu schießen Ausschau nach der Bärin zu halten. Da sie an Menschen gewöhnt sei, gehe sie ihnen nicht aus dem Weg, sondern suche vermutlich ihre Gesellschaft. Nach einer Stunde teilte man mir telefonisch mit, sie befände sich auf einer Straße am Rande des Übungsplatzes. Ich raste mit dem Jeep hin – und traute meinen Augen nicht. Die Bärin trottete gemächlich die Straße entlang, eskortiert von einem US-Jeep hinter ihr und zehn Soldaten vor ihr, die vorbeifahrende Militär- und Zivilfahrzeuge anhielten, um ihr freien Lauf zu lassen. Das fand ich einfach toll. Als ich neben ihr stoppte, freute sie sich ausgelassen, mich wiederzusehen. Ich atmete erleichtert auf. Sofort hielt sie sich mit den langen Sichelkrallen am Sitz des offenen Jeeps fest und stieg wie ein Anhalter ein. Die GI's ringsum konnten es zuerst nicht fassen. Dann brachen sie in Begeisterungsrufe, Gelächter und beifallspendende Pfiffe aus. Ich bedankte mich bei allen und fuhr mit der Ausreißerin wieder ins Lager zurück.

An jenem Samstag rief der amerikanische Regimentskommandeur, der die Suchaktion angeordnet hatte, bei uns an und bat mich, ihm die Bärin vorzustellen, und zwar gleich am nächsten Tag zum Mittagessen in seinem Zelt. Mein Kommandeur ulkte: »Bärenführer müßte man sein, dann bekäme man leichter eine Einladung zum Lunch im Headquarter«.

Als wir dort vorfuhren, standen die US-Soldaten gerade zur Essensausgabe an. Der würzige Geruch weckte bei meiner Bärin gleich Heißhunger. Im Nu sprang sie vor mir aus dem Jeep, mischte sich unter die GI's und machte einem Soldaten, der soeben einen wohlgefüllten Plastikteller wegtrug, unmißverständlich klar, daß sie diese Speise begehre. Der arme Kerl wurde bleich, und ehe er sich versah, hatte ihm Alfred den Teller mit der Pranke entrissen. Erschrocken lief er davon, seine Kameraden bogen sich vor Lachen. Unterdessen machte sich die Bärin auf der Wiese über die »Beute« her und schälte mit ihren langen Krallen gekonnt zwei als Nachtisch beigelegte Orangen. Darüber mußte der um seine Ration beraubte GI dann auch lachen. Er erhielt anstandslos Ersatz. Um einen weiteren Schabernack

der Bärin zu verhindern, band ich sie an – schließlich waren wir geladene Gäste.

Der amerikanische Regimentskommandeur, ein Oberst, hatte inzwischen von dem Vorfall erfahren. Er kam lachend auf uns zu und begrüßte mich in perfektem Deutsch. Wie sich herausstellte, stammte er von deutschen Auswanderern ab. Er strich der Bärin ganz unbefangen über den Kopf, was ihr ein wohliges Brummen entlockte. Auf seine Frage, was sie am liebsten verzehre, nannte ich Büchsenmilch. Flugs ließ er sich drei Dosen bringen, die Alfred, auf dem Hinterteil sitzend, zwischen die Pranken nahm und nacheinander ausschlürfte. Danach bat der Colonel uns beide ins Offizierszelt zum Essen. Wie ich meine Bärin kannte, hätte sie jedoch erheblich dabei gestört. So kettete ich sie an einem Baum vor dem Zelt an, wo sie der Colonel mit vier Tafeln Schokolade fütterte.

Bei dem angeregten Gespräch in seinem Zelt erfuhr ich, daß er auf einer großen Farm in Amerika aufgewachsen war und als Junge die gleiche Tierliebe empfunden hatte wie ich einst in meinem hessischen Dorf. Nach dem Lunch ließen wir die Bärin wieder frei und machten ein paar Erinnerungsfotos. Plötzlich hörten wir ein lautes Gelächter in einem der großen US-Mannschaftszelte, in dem GI's nun Mittagsruhe hielten. Da sich die Bärin – von uns unbemerkt – entfernt hatte, dachte ich mir schon, daß sie der Anlaß des Tumults war. Mit dem Oberst lief ich zu dem Zelt, und als wir eintraten, sahen wir, daß sich Alfred hineingeschlichen und einen im Schlafsack pennenden Soldaten wachgerüttelt hatte. Sie

Wer Tiere nur in einem Zwinger oder Gehege hält, wird sich kein Bild ihrer Persönlichkeit machen können.

sah in ihm nur einen Spielkameraden, aber während sie ihn wie eine Grillwurst hin und her rollte, rief er verzweifelt um Hilfe: »Help! Help! The bear! The bear!« Jetzt reichte es mir aber. Bis zum Verlassen des US-Lagers kettete ich Alfred an. Im Zelt des Colonels tranken wir noch einen Whisky, dann holte ich Alfred zur Rückfahrt in den Jeep. Als wir abfuhren, applaudierten uns alle GI's. Die bärige Vorstellung schien ihnen besser gefallen zu haben als der Auftritt eines Broadway-Stars im Rahmen der Truppenbetreuung. Ein Filmstarlet war Alfred indes schon lange.

Alfred als Filmstarlet

Schon 1962, also bereits ein Jahr nachdem ich die Bärin zu mir genommen hatte, war das Vertrauensverhältnis zwischen der Lippenbärin und mir so stabil, daß ich dem Angebot, bei der damals populären Fernsehserie »Alle meine Tiere« unter der Regie von Otto Meyer mit der Bärin mitzuwirken, zustimmen konnte, ohne daß ich bei den Dreharbeiten der Bärin hätte etwas aufzwingen müssen, um die gewünschten und vorher abgesprochenen Einstellungen in den Kasten zu bekommen. Gedreht wurde in einem kleinen Zirkus bei Baden-Baden, wo ich Szenen für den Hauptdarsteller Gustav Knuth – er spielte den Tierarzt Dr. Hofer – doubelte.

1963 folgte unser zweiter Film, »Wilde Spiele«. Für die Dreharbeiten in einem kleinen Zoo in Lübeck-Israelsdorf sowie auf dem Segelschulschiff *Passat* in Travemünde nahm ich zwei Wochen Urlaub.

Die Handlung begann folgendermaßen: Ein Windjammer liegt im Hafen, die Besatzung hat Landurlaub. Da sieht ein junger Schiffsoffizier, den Claus Wilcke spielte, in einem kleinen Zirkus einen zahmen Bären, der zum Verkauf angeboten ist. Da die Zirkus-Direktorin (gespielt vom ehemaligen Ufa-Star Camilla Horn) das Geld für das Futter nicht mehr aufbringen kann, ist sie zu dieser Maßnahme gezwungen. In der Stadt trifft der junge Offizier die Frau seines Admirals, gespielt von Margarete Hagen, und erzählt ihr davon. Sie läßt sich begeistern, und die beiden erwerben den Bären als Schiffsmaskottchen, schmuggeln ihn an Bord und weihen die Besatzung ein, nicht aber den Admiral. Als das Schiff wieder auf See ist, duscht der Schiffsoffizier den Bären und wird vom Admiral, den Paul Esser spielte, dabei überrascht. Der tobt, bis seine Frau hinzukommt und die Sache aufklärt. Zur allgemeinen Freude willigt er schließlich ein, den Bären an Bord zu behalten.

Die Berliner Filmgesellschaft »Zenit« ließ mich und die Bärin in einem VW-Bus aus Bad Bergzabern abholen. Wir fuhren nach Lübeck. Unterwegs hielten wir öfters auf Parkplätzen, damit ich die Bärin, die so lange Autofahrten nicht gewohnt war, ausführen konnte. In Lübeck erklärte mir der Aufnahmeleiter, für mich sei ein Zimmer in einem Stadthotel reserviert, die Bärin dagegen solle in einem Privatzoo, der am Stadtrand lag, unterkommen. Es paßte mir überhaupt nicht, Alfred in einer fremden Umgebung allein zu wissen, noch dazu in der Nähe von Tigern und Löwen. Der kleine Zoo war mehr eine Menagerie und seine Chefin war die bekannte Löwendompteuse Lotte Walter. Nachdem sie ihr Zirkusleben beendet hatte, gründete sie diesen kleinen Zoo. Die meisten Tiere hausten noch in den früheren Zirkuswagen. Sie erwies sich als sehr nett, aber an einem geeigneten Platz, wo Alfred hätte untergebracht werden können, mangelte es. Nach einigem Hin und Her verfiel der Aufnahmeleiter auf die absurde Idee, Alfred bei mir im Hotelzimmer einzuquartieren. Bei der Vorstellung, wie es darin nach einer Nacht ausgesehen hätte, muß ich heute noch lachen. Nein, das konnte man keinem Hotelier zumuten. Schließlich traf ich mit Lotte Walter eine Vereinbarung. Alfred sollte in der dritten Box eines Raubtierwagens untergebracht werden; die beiden anderen Boxen beherbergten Löwen. Das für die Bärin vorgesehene Quartier wurde ausgespritzt und mit frischem Stroh ausgelegt. Da ich sie natürlich nicht neben zwei Löwen allein lassen konnte, verzichtete ich auf das Hotelzimmer und übernachtete mit ihr im Zirkuswagen. So krochen wir beide, von der langen Fahrt müde, spätabends hinein.

Als die Bärin die Löwen hinter der Trennwand wahrnahm, war sie ziemlich aufgeregt. Durch meine Gegenwart beruhigte sie sich jedoch bald und nuckelte sich unter Gähnen und Brummen an meinem Arm in den Schlaf – bei Bären

ein unmißverständliches Zeichen von Wohlbehagen. In dem ungewöhnlichen Quartier verbrachten wir etliche Nächte. Wenn die Löwen nachts brüllten, drückte sich Alfred fest an mich. Neben mir fühlte sie sich sicher und geborgen, ein wesentliches Bedürfnis von Tieren als auch von Menschen. Tagsüber lief sie in dem kleinen Zoo angeleint neben mir her, und wenn es mittags warm wurde, kettete ich sie an einen Schatten spendenden Baum an.

Am zweiten Abend lud mich Lotte Walter in ihren altmodischen Zirkuswagen ein. Dort traf ich zu meiner Überraschung den Tigerdompteur Mathies und den Bärendompteur Steinhoff vom Zirkus Carl Hagenbeck. Die beiden hatte ich in meiner Zeit als Raubtierpfleger in der Stuttgarter Wilhelma kennengelernt. Leider war der Zirkus Hagenbeck damals schon aufgelöst worden. Der Dritte in der Runde war der Löwen- und Tigerdompteur Tischer, der für René Deltgen in dem Film »Tromba« gedoubelt hatte. Außerdem wurde mir eine holländische Tigerdompteuse namens Yvonne vorgestellt, eine junge Blondine, die damals mit dem Zirkus Karl Althoff in Lübeck gastierte. Nach einem Begrüßungstrunk fragte mich Yvonne: »Von welchem Zirkus kommen Sie denn?« Ich erwiderte lachend: »Von den Fallschirmjägern der Bundeswehr!« Lotte Walter klärte die Dompteursrunde über den Grund meines Besuchs auf und erntete ungläubiges Staunen, als sie erzählte, daß ich zusammen mit der Lippenbärin im Raubtierwagen schlafe. Der Bärenspezialist John Steinhoff mochte es anfangs nicht glauben und wandte ein, Lippenbären würden als sehr gefährlich und undressierbar gelten. Ich sagte, die Lippenbärin sei ja auch nicht dressiert, sondern lebe einfach mit mir zusammen. Am Ende des feuchtfröhlichen Abends, an dem sich alles ums Zirkusleben und um Raubtiere drehte, begleiteten mich die Dompteure zu meinem seltsamen Nachtlager, wo Alfred schon auf mich wartete. Ich zog den Schieber der Box hoch. Alfred leckte mir zur Begrüßung das Gesicht. Drinnen legte sie sich dicht neben mich und nuckelte zufrieden an ihrer Pranke. Alle staunten über diese enge Beziehung. Yvonne meinte zum Spaß: »Da schlafe ich doch lieber mit einem Mann als mit einem Bären.«

Tags darauf starteten die Dreharbeiten. Regisseur Ballmann gab ständig detaillierte Regieanweisungen und ließ manche Szenen häufig wiederholen. Mir kam es vor wie bei einer Rekrutenausbildung, nur der Ton war dezenter. Nach einiger Zeit mußte ich den Regisseur darauf aufmerksam machen, daß die laufenden Wiederholungen die Bärin in Unruhe versetzten. Das sah er ein, und so wurde ich jedesmal gefragt, ob diese oder jene Aktion zu machen sei. Durch vorherige Absprache klappte dann alles.

Während einer Pause spielte ich mit der Bärin in einer Sandkuhle. Ich lag auf dem Boden und sie auf dem Rücken. Als ich aufstand, packte ich sie an den langen Haaren hinter den Ohren und zog sie so drei Meter durch den Sand. Der Regisseur rief spontan, diese Szene brauche er unbedingt und fragte mich, ob Claus Wilcke das gleiche mit Alfred anstellen

könne. Claus blickte säuerlich drein, der heikle Auftritt behagte ihm wohl wenig. Mir war das ebenfalls zu riskant, und als ich ablehnte, atmete er erleichtert auf. Stattdessen mußte ich die Szene im Sand für ihn doubeln. Dazu zog ich seine Jacke an und die Bärin noch einmal am Pelz durch den Sand. Die Aufnahme klappte. Danach wiederholte Claus, wieder in seiner Jacke, das gleiche – freilich ohne Bärin. Er tat so, als schleife er sie im Rückwärtsgang weg, mimte äußerste Anstrengung und redete immer wieder auf das imaginäre Tier ein: »Jimmy, komm!« Die Szene mußte mehrmals wiederholt werden, bis seine Gesten mit meinem Auftritt übereinstimmten. Er war heilfroh, als die Tortur zu Ende ging. Später sah ich gespannt zu, wie unsere beiden Auftritte zusammengeschnitten wurden.

Nach zehn Tagen waren die in Lübeck spielenden Szenen im Kasten, und das ganze Team zog nach Travemünde, wo auf einem kleinen Hafenkahn und auf dem dort ankernden Segelschulschiff *Passat* weitergedreht wurde.

Auf einem Kahn zu fahren, machte der Bärin nichts aus. Sie hatte ja schon desöfteren im Pfälzer Wald an Wasserübungen mit Schlauchbooten und Flößen teilgenommen und war auch schon zweimal mit meinen Kameraden und mir auf dem Rhein gefahren, was ihr sichtlichen Spaß bereitet hatte. Aber bei der Ortsbesichtigung mit dem Filmproduzenten Marty und dem Regisseur Ballmann kamen mir doch einige Zweifel auf. Vor allem stellte sich das Problem, wie ich die Bärin auf den Windjammer bekommen sollte. Sie auf dem schmalen, steilen Laufsteg an Deck klettern zu lassen, erschien uns recht bedenklich. Die beiden Herren schlugen vor, einen Kran zu mieten und sie so an Bord der *Passat* zu hieven. Ich befürchtete jedoch, daß sie in der ungewohnten Enge einer Kiste durchdrehen würde und so ihr Vertrauen zu mir verlieren könnte. Würde sie nicht auch der Motorenlärm des Krans verstören? Da fiel mir ein, wie ich mit ihr im Wald immer Hochsitze bestiegen und ihr beigebracht hatte, rückwärts wieder hinunter zu klettern. Warum sollte sie das nicht auf einer hohen Gangway schaffen? Das wollte ich mit Alfred noch am selben Nachmittag ausprobieren. Am Kai bat ich um absolute Ruhe, dann ließ ich Alfred von der Leine und stieg wie selbstverständlich die Schiffsleiter hinauf. Prompt folgte sie mir. Oben an Deck machten wir kehrt, ich stieg die Leiter wieder hinab – und siehe da, die Bärin drehte sich um und kletterte rückwärts hinter mir her. Nach dem gelungen Experiment stiegen wir beide wieder an Bord, wo ich Alfred frei herumlaufen ließ.

Bald hatte sie Freundschaft mit den Kadetten geschlossen, die sich zur Ausbildung auf der *Passat* befanden. Sie verwöhnten die Bärin mit Büchsenmilch und Schokolade. Für die Jungs war das eine willkommene Abwechslung, aber ihr Oberbootsmann, ein knurriger alter Seemann, der sich als strenger Zuchtmeister aufführte, trieb sie wieder an die Arbeit. Als die Bärin an Deck einen Haufen machte, stellte er mich entrüstet zur Rede. Ich konterte, die Bärin könne

ja schließlich keine Windeln anziehen oder artig auf die Toilette gehen. Das brachte das alte Raubein dann doch zum Lachen. Ich versprach ihm, den Kot künftig sofort zu beseitigen, doch einige Matrosen neben uns erboten sich, das selbst zu tun. Mit den Jungs verstand ich mich auf Anhieb, wahrscheinlich imponierte ihnen mein Umgang mit der Bärin.

Ich bekam auf dem Schiff eine Offizierskabine zugewiesen, allerdings mit der Auflage, daß Damenbesuch darin nicht erwünscht sei. Also mußte Alfred draußen bleiben. Schließlich seien wir hier auf einem Schulschiff der Handelsmarine und nicht im Zirkus, begründete man diese Anweisung.

Für die Bärin wurde auf dem Oberdeck ein mit zwei Ballen Stroh ausgelegtes Nachtlager eingerichtet. Um zu verhindern, daß sie auf dem Schiff etwas demolierte, band ich sie an eine lange Kette. Bis in die Nacht hinein blieb ich mit den wachhabenden Matrosen bei ihr. Sie spielte mit ihnen und schlief dann auf dem Stroh ein.

Die Filmaufnahmen auf dem Schiff verliefen an den zwei folgenden Tagen reibungslos. Am dritten Tag mußte die Szene nachgedreht werden, in der die Admiralsgattin und der junge Schiffsoffizier die Bärin mit einem Kahn auf das Schiff bringen. Trotz des heftigen Windes war das kein Problem. Alfred und ich kletterten von der *Passat* und stiegen dann zur Hafenfahrt in den Kahn. Margarete Hagen trug als Admiralsgattin einen großen Hut, den sie wegen der starken Böen ständig festhalten mußte.

Selbst über große Entfernungen wittert Lippenbärin Charly das Herannahen einer fremden Person. Der außerordentlich gute Geruchs- und Gehörsinn der Bären erlaubte es mir, rechtzeitig ungewollten Begegnungen mit ahnungslosen Spaziergängern vorzubeugen.

Lippenbären können ungemein zärtlich sein. Charlys halbgeöffneter Fang zeigt deutlich die für diese Bärengattung typische Zahnlücke, die unteren spitzen Schneidezähne und die ausladenden Lippen.

Selbst beim Spielen mußte ich ständig vor den Zähnen und den messerscharfen Sichelkrallen der Bärin auf der Hut sein.

In der Anfangszeit war meine Frau für die heranwachsende Kalinka eine heiß und innig geliebte Spielgefährtin …

… doch bereits im Alter von drei Jahren war die russische Braunbärin von Erika nicht mehr zu bremsen. Kalinka wurde grob und nutzte jede Gelegenheit, ihre Dominanz zu beweisen.

Schon zweijährig verlangte Johnny immer noch den Milchkanister. In freier Natur wäre die Entwöhnung bereits nach einigen Monaten erfolgt. Vergleichbar menschlichem Verhalten sucht das »Riesenbaby« mit der linken Pranke Körperkontakt zu mir.

Entspannt und zufrieden: Wie alle meine Bären liebte auch der heranwachsende Kodaik-Bär Johnny unsere gemeinsame kilometerweiten Streifzüge. Natürlich darf man sich darunter kein diszipliniertes Marschieren vorstellen. Unterwegs boten sich dafür einfach zu viele neue Eindrücke. Überall gab es etwas zum Riechen, Scharren, Knabbern, Lauschen und Kräftemessen. Er liebte es, in einem fort Purzelbäume zu schlagen und Bäume hoch und rückwärts wieder runterzuklettern. In den ersten Monaten entfernte er sich nie weit von mir. Verlor ich ihn dann doch einmal aus den Augen, brauchte ich ihn nur zu rufen und sofort richtete er sich auf, so daß der Blickkontakt wieder hergestellt war.

Claus Wilcke saß ihr in Offiziersuniform gegenüber und ich lag – für die Kamera unsichtbar – zwischen ihnen auf dem Bootsboden. Die Bärin tanzte auf mir herum und brachte den Kahn allmählich zum Schaukeln, indem sie dauernd von einer Seite auf die andere wechselte. Das gefiel ihr offensichtlich, und es gab viel zu lachen.

Nach Abschluß der Dreharbeiten gab es auf dem Windjammer ein Festessen für das ganze Filmteam, die Schiffsführung und geladene Gäste. Mit Margarete Hagen, die darauf bestand, daß ich neben ihr saß, unterhielt ich mich prächtig. Im nachhinein amüsierte sie sich besonders über die komische Episode mit Alfred im Kahn. Nach diesen abwechslungsreichen Dreharbeiten begann für mich wieder der Dienstalltag in der Kaserne und in den Ausbildungsbiwaks im Pfälzer Wald.

Zirkuserlebnisse oder das Geschäft mit dem Bären

Als der kleine Zirkus Brumbach in Bad Bergzabern gastierte, ging ich gleich mit Alfred hin, denn ich wußte, daß der Zirkusbesitzer Franz Brumbach ein Spezialist für Bären war und sie auf Ringkämpfe mit Menschen dressierte; das war die Hauptattraktion seines Programms. Als er mich und die Lippenbärin empfing,

wunderte er sich, daß sie keinen Sicherheitsschutz um den Fang trug und meinte, ich müsse einmalige Fähigkeiten im Umgang mit Bären haben.

Zur ersten Abendvorstellung bekam ich eine Freikarte, um mir seine Bärenringkämpfe anzusehen. Darauf war eine ältere Braunbärin abgerichtet, und eine jüngere lernte es gerade. Die Show leitete der Oberstallmeister, der dem Publikum der Internationalität wegen als Jugoslawe vorgestellt wurde, in Wirklichkeit aber war er Deutscher. Er zog den beiden Bären Boxhandschuhe über die Pranken und sicherte die Fänge mit einem Lederschutz. Auf diese Weise konnte der jeweilige Herausforderer weder gebissen noch durch die Krallen verletzt werden.

Zuerst führte er die jüngere, dann die ältere Braunbärin in die Arena und forderte mutige Männer aus dem Publikum auf, sich im Ringkampf mit einer Bärin zu messen. Wem es gelänge, eine Bärin aufs Kreuz zu legen, dem winkte die Siegesprämie über 50 Mark. Niemand meldete sich, bis ein junger Bursche von einer Besucherbank aufstand und in den Ring trat. Sofort kam Stimmung auf. Natürlich wußte niemand, daß der »Gladiator« zum Zirkuspersonal gehörte. In dem Schaukampf mit der älteren Bärin schien es ernst zuzugehen. Am Ende lag der »Freiwillige« k.o. am Boden, und der Stallmeister zog die Siegerin am Halsband weg. Angesichts des ungleichen Kampfes mochte es jedem möglichen Herausforderer im Publikum klar geworden sein, daß er keine Chance gehabt hätte.

Im Alter von drei Jahren war Alfred als Bataillons-Maskottchen der Fallschirmjäger nicht mehr wegzudenken.

Nach der Vorstellung zeigte mir der Ringkämpfer seine blauen Flecken, die er tagtäglich einzustecken hatte. Er stöhnte, daß er das auf Dauer nicht mitmache, die Bärin sei viel kräftiger als er. Da gab ihm Franz Brumbach eine Zigarette und meinte: »Quatsch, Du bist mein bester Mann im Zirkus, auf Dich kann ich nicht verzichten.« Nach einigem Murren ließ sich der junge Mann doch wieder breitschlagen und seufzte: »Vielleicht lerne ich den Bärenringkampf doch noch.«

Daß Franz Brumbach aus hartem Holz geschnitzt war, bekam ich bald zu spüren. So bat er mich, seinen einzigen Elefanten, einen afrikanischen Bullen, mit Karotten zu füttern. Ich fand nichts dabei, zumal ich von der Stuttgarter Wilhelma her mit zwei indischen Elefantenkühen vertraut gewesen war. Als ich mich aber dem Zirkuselefanten näherte, versetzte er mir mit dem Rüssel einen solchen Schlag, daß ich kopfüber ins Stroh flog. Brumbach stand lachend daneben und witzelte: »Mit Bären kannst Du umgehen, aber nicht mit Elefanten.«

Kurz vor der nächsten Abendvorstellung traf ich vor dem Zirkuszelt den Tierhändler Joachim Raak, den ich gut kannte. Er fragte mich, ob Brumbach etwa den Elefanten vorführe, was ich, stutzig geworden, bejahte. Da eröffnete mir Raak: »Dieser Bulle hat in einem Zirkus seinen Dompteur getötet, und ich habe ihn billig an Franz Brumbach verkauft. Daß er so ein Biest weiter vorführt, hätte ich nicht gedacht. Hat der Nerven.« Nach der Vorstellung sprach er Brumbach seine Anerkennung über die gelungene Darbietung aus.

Bald schon bekam ich Gelegenheit, selbst ein Kunststück vorzuführen. Einer von Brumbachs Löwen litt unter einer verwachsenen Kralle. Die Tatze hatte sich entzündet. Auf meinen Rat, einen Tierarzt aufzusuchen, entgegnete er, an einen Löwen traue sich kein Veterinär heran, außerem koste das zuviel Geld und er sei knapp bei Kasse. Schließlich kam er auf *die* Idee: »Am besten kurieren wir beiden den Löwen selbst. Besorge einen scharfen Seitenschneider und komme am nächsten Sonntagmorgen um acht Uhr nach Landau, wo wir als nächstes gastieren.« So fuhr ich zur vereinbarten Zeit in die Nachbarstadt Landau. Im Zirkus schlug mir Franz folgende Methode vor: »Wir legen eine Schlinge in den Löwenwagen, und wenn der Löwe mit einer Pfote hineintritt, ziehen ihn meine Leute ans Gitter. Dann schneidest Du ihm an der Futterklappe die wunde Kralle ab. Derweil lasse ich den Löwen in einen Knüppel beißen, um ihn abzulenken.« Obwohl weder die 15 Zirkusangestellten noch ich von dem Plan begeistert waren, gingen wir so vor. Wir schoben die Seilschlinge in den Raubtierwagen, aber der aufgeregte Löwe wich immer wieder instinktiv aus. Nach zehn Minuten tappte er schließlich hinein. Franz zog ruckzuck die Schlinge um die verletzte Pfote, seine Leute zogen den wild fauchenden Löwen ans Gitter und dann am Strick die Tatze heraus. In Sekundenschnelle zwackte ich mit der Zange die eingewachsene Kralle ab und schnitt im Knien mit dem Skalpell den eitrigen Pfotenballen auf. Der Löwe zuckte kurz, ich klopfte Franz auf die Schulter und sagte, die Sache sei erledigt.

Eine derartige Prozedur kann man sich heute nicht mehr vorstellen. Aber damals mangelte es an geeigneten Betäubungsmitteln. Man wußte sie auch nicht so recht zu dosieren. Heute ist so eine Operation unproblematisch, da Tierärzte dabei Narkosegewehre oder Blasrohre verwenden.

Genau wie mein großes Vorbild Gustav Adolf von Maydel beeindruckte mich Franz Brumbach enorm, sowohl als Tierexperte als auch durch seinen festen Charakter.

Ein anderes Mal bekam ich selbst Gelegenheit, mit meiner Bärin Alfred im Zirkus aufzutreten. Als sich unser Bataillon auf dem Truppenübungsplatz Baumholder befand, gastierte in der benachbarten Stadt der Zirkus Willy Hagenbeck. Bei einem kurzen Besuch der Direktion und einiger Freunde von früher, die sich mit Tierdressur beschäftigten, machte mir der Pressechef, Herr Knour, ein Angebot. Wenn sich meine Bärin in der Sonntagsvorstellung präsentierte, bekäme ich dreißig Freikarten für die Soldaten. Mein Kompaniechef stimmte sofort zu: »Das machen wir im Rahmen der Truppenbetreuung.«

So fuhren wir am Sonntagabend mit dreißig Kameraden in einer Kolonne hin, die Bärin und ich im offenen Jeep voran. Im vollbesetzten Zirkuszelt eröffnete der Programmleiter die Vorstellung mit der Ansage, ein besonderer Gast sei anwesend, und zwar von den Fallschirmjägern aus Baumholder. Auf ein Zeichen hin fuhr ich unter großem Publikumsbeifall mit dem Jeep in die Manege und stoppte in der Mitte. Jetzt gab ich der Bärin die übliche Büchsenmilch, diesmal eine Literdose. Sie lehnte sich lässig auf dem Sitz zurück, nahm die Dose zwischen die Vorderpranken und trank sie genüßlich aus – wieder Applaus. Der Ansager erklärte nun, daß sie wohl die erste Lippenbärin sei, die in einem Zirkus auftrete, denn diese Art gelte als undressierbar. Abgesehen von seiner Effekthascherei hatte der Ansager nicht gelogen: Alfred war ja auch nicht dressiert, sondern sah in mir ihren Kumpanen, der sich – aus ihrer Sicht – immer tolle Sachen einfallen ließ, um mit ihr zu spielen.

Nach der Vorstellung blieb ich mit der Bärin auf Bitten der Direktion noch eine Stunde im Zirkus und fachsimpelte im Imbißzelt mit der Geschäftsführung und den Dompteuren. Der Bärendompteur und seine Frau, die eine gemischte Bä-

rengruppe vorführte, fanden es einmalig, mit der Lippenbärin an der Theke zu trinken. Die Dame hielt es geradezu für ein Wunder, aber für mich war es eine Selbstverständlichkeit, daß man mit hochentwickelten Tieren, wie Bären es sind, eine derart kameradschaftliche Beziehung entwickeln kann, wenn man sie von jung auf ihrer Natur entsprechend behandelt und bereit ist, sich auch ganz und gar auf sie einzulassen. Ganz so wie das auch bei Eltern gegenüber ihren Kindern nötig ist. Dies bedeutet natürlich, daß man sich sehr viel Zeit nehmen und auf viele Selbstverständlichkeiten des modernen Lebens verzichten muß. Aus meiner nunmehr jahrzehntelangen Erfahrung mit Bären und Wölfen weiß ich, daß man von den Tieren unendlich viel zurückerhält. Man investiert dabei also nicht in ein schwarzes Loch.

Das Dompteur-Ehepaar meinte, um mit Dressurakten Geld verdienen zu können, müßten sie ihre Bären zwangsläufig zu Kunststücken abrichten, die der Bärennatur zuwider gehen. Das führte dann immer wieder zu Aggressionen dieser ausgesprochen eigensinnigen Tiere, mithin zu einer Gefahr für die ganze Bärengruppe und deren Dompteure. Ich antwortete nur: »Wen wundert das denn?« Warum muß man denn überhaupt seinen Lebensunterhalt mit Tierdressuren verdienen?

Man betrachte doch nur folgendes Beispiel. Auf einer Tournee durch die Bundesrepublik gastierte der ehemalige DDR-Staatszirkus oft in Stadthallen. Der Dompteur einer gemischten Raubtiergruppe mußte seine Vorstellung einstellen, weil sich die Bären weigerten, auf Parkettböden zu gehen. Sie waren nur Erd- und Sägemehlböden gewohnt. Das Ausrutschen auf den glatten Flächen machte sie mißtrauisch und aggressiv. Hier verlangen Menschen artfremdes Verhalten von den Tieren, respektieren ihre Auflehnung nicht und üben Zwang aus. Es ist ganz natürlich, daß diese wehrhaften Tiere sich das nicht gefallen lassen wollen.

Im Zirkus ist keine Dressur schwieriger als die von Bären. Viele Raubkatzendompteure wollen nichts mit Bären zu tun haben, manche behaupten, sie seien hinterlistig und falsch. Ich hörte sogar schon von Zirkusleuten die Bemerkung, Bären seien »Verbrecher«. Solche Ansichten sind grundfalsch und rühren wohl daher, daß Bärendompteure ihre Tiere zu unnatürlichem Verhalten zwingen, indem sie sie zum Opfer ihrer persönlichen Berufswahl machen und an die Tiere ihren Erfolgsdruck weitergeben.

Nie habe ich versucht, meinen Bären Leistung abzuverlangen, noch sie zu zahmen. Wohl durch diesen Verzicht und sensible Einfühlung in ihre Natur vermochte ich das Vertrauen, ihre Gefolgschaft und ihre Freundschaft zu gewinnen, die ich zwischen 1961 und 1978 genießen durfte. Natürlich habe ich ihnen auch nie jene Bewegungsenge zugemutet, die die räumliche Beschränktheit eines Zirkusareals und der Raubtierwagen mit sich bringen. Trotz alledem habe ich den Eindruck, daß man im Zirkus immer noch mehr von Bären versteht als in den meisten Zoos.

Bären sind weltweit als Schauobjekte – wie viele andere Tiere auch – einem schlimmen Schicksal ausgeliefert. Glücklicherweise sind wenigstens die meisten europäischen Zoos, die ich kenne, seit längerem davon abgekommen, Bären in kleinen Zwingern zu halten. So ist es erfreulich, sie zumeist in Freianlagen mit größeren Wasserbecken zu sehen. Da heutzutage fast alle Bären in den Zoos auch in Gefangenschaft geboren sind und artgerecht gehalten werden, fühlen sie sich in ihren Gehegen sichtlich wohl. Dagegen ist es ein Frevel, erwachsene Bären in freier Natur einzufangen und sie in Tierparks zu bringen.

In Freianlagen mit großem Auslauf können Besucher die Tiere so sehen, wie es sonst nur Ferntouristen in großen Nationalparks oder Großwildjägern möglich ist.

Üblicherweise interessieren sich die Besucher besonders im Frühjahr und Sommer für die Bären, da dann die herumtollenden Bärenjungen zu beobachten sind. Vor allem Kinder sind dann von den Gehegen nicht mehr wegzubringen. Interessanterweise verweilen auch Erwachsene längere Zeit bei Jungbären, um ihr ausgelassenes Spiel zu beobachten, als sie dies vor Gehegen mit nur ausgewachsenen Tieren tun.

Daß junge Bären das Geschäft fördern, haben auch die Besitzer so manches Freizeitparks – manchmal nennen sie sich auch Naturschutzpark – erkannt. Nachfolgend beschriebene Praktiken habe ich nicht nur einmal beobachtet. Sie nehmen die Jungen entweder aus dem Gehege der Bärenmutter und ziehen sie mit der Flasche auf oder sie kaufen sich junge Bären und päppeln sie auf die gleiche Weise hoch. Die Bärchen werden dadurch zahm und auf den Menschen geprägt. Wenn sie die Flasche nicht mehr brauchen, müssen sie sich auf die an ihren Gehegen angebrachten Futterautomaten mit Münzschlitzen umstellen. Besucher dürfen dann die Automaten mit Geld und die kleinen Bären mit den gezogenen Rationspäckchen aus der Hand füttern – was sie überreichlich tun. Die Nahrung ist natürlich auch einseitig. Dem wird kaum Einhalt geboten, denn es geht um das Geschäft, und die Gesundheit der Bären ist nur insoweit von Belang, als sie das Geschäft nicht beeinträchtigt. Denn schließlich hängt ja auch der Bestand von Arbeitsplätzen an der Rentabilität solcher Parks.

Sicherheitshalber ist um solche Bärengehege ein unter Schwachstrom stehender Zaun gezogen, wie man ihn auf Viehweiden verwendet. Die meisten dieser bedauernswerten Bären werden nicht älter als zwei Jahre. Schließlich sind ausgewachsene Bären in Freizeitparks keine Attraktion mehr, und in Zoos kann man sie mangels Nachfrage nicht abschieben. Ein Paar ausgewachsener Bären behält man also, um den Nachwuchs zu sichern. Alle anderen ausgedienten Jungbären werden nach Saisonende im Spätherbst erschossen. Die Decken und das an Feinschmeckerlokale verkaufte Fleisch bringen nochmals Geld in die Kasse. Man kann diese Bären folglich auch als Schlachtbären bezeichnen. Aber was soll's, im Frühjahr kommt ja der nächste Nachwuchs und das widerwärtige Geschäft mit dem Bären als Schauobjekt

beginnt von vorne.

Einmal unterhielt ich mich mit zwei Hegemeistern – so nennen sich diese Tierwärter – aus verschiedenen Freizeitparks und fragte sie, ob es ihnen denn gar nichts ausmache, diese Tiere, die sie schließlich selbst aufgezogen haben, zu erschießen. Der eine erwiderte ungerührt: »Das ist mein Beruf, und was mein Chef sagt, muß ich machen.« Der andere sagte betreten: »Ich kann das nicht mit ansehen. Wenn das Erschießungskommando kommt, verdufte ich immer.«

Allein bei dem Gedanken an solche Methoden schüttelt es mich vor Ekel. Andererseits muß ich mich an meine eigene Jugend erinnern. Meine Eltern hielten sich jedes Jahr ein Schwein, und unsere Ziegen setzten im Frühjahr Junge. Meine Mutter und ich pflegten mit jedem neuen Schwein familiären Umgang. Jedes lief uns nach und ließ sich von uns kraulen. Die Zicken gehörten zu meinen liebsten Spielkameraden. Wenn im Winter der Metzger zum Schweineschlachten kam, gingen meine Mutter und ich immer außer Haus, bis alles vorbei war. Das gleiche taten wir, wenn zu Ostern die Zicken unters Messer kamen. Nichtsdestotrotz genossen wir den vorzüglichen Festtagsbraten, desgleichen das Fleisch unserer Schweine. Bestimmt haben ältere Leser, die auf dem Land aufgewachsen sind, ähnliche Erinnerungen.

Obwohl ich selbst früh das Schlachten lernte, gibt es bei mir eine Hemmschwelle, ein Tier zu töten und zu essen, das ich eigenhändig aufgezogen habe. So schenkte mir einmal eine Frau in Merzig einen zahmen Heidschnuckenbock, den ich in ein Wiesengehege gab. Jedesmal wenn ich das Gatter öffnete, lief mir der Bock entgegen und fraß mir das mitgebrachte Brot aus der Hand. Als der Bock aus Altersgründen geschlachtet werden mußte, bat ich einen Freund, den Schäfer Willy Denzel, das zu tun und verzog mich dann. Nur wenn ein mit mir lebendes Tier so krank wird, daß ihm kein Tierarzt mehr helfen kann, überwinde ich meine Hemmschwelle und erlöse es von seinen Qualen.

Als Junge freute ich mich immer, wenn Wanderzirkusse oder Schausteller mit Bären in unser Dorf kamen und die trolligen Tiere zu tanzen anfingen, sobald Musik ertönte. Wir Kinder hatten den Eindruck, die Bären tanzten gerne und klatschten dazu. Vorher kannten wir nur kleine Plüschtiere, die uns Eltern oder Verwandte geschenkt hatten.

Dieses weltweit verbreitete Schicksal vieler Bären als Tanz- oder Jahrmarktbären ist eine schlimme Tierquälerei. Zum Schauobjekt degradiert, in lärmender, hektischer Umgebung vorgeführt, ständig von der Peitsche oder heutzutage gar Elektroschockstäben bedroht und in der Regel zwischen den Vorstellungen katastrophal eingepfercht, fristen diese Tiere ein erbärmliches Dasein.

Bekannt ist die Methode, im Frühjahr eine Bärenmutter mit Jungen aufzuspüren, diese zu töten und die Jungbären in Gewahrsam zu nehmen. Im Herbst werden die Tiere dann gefesselt und ihnen wird ein Nasenring eingezogen. Danach bindet man sie an einen Baum. Heiße Bleche werden ihnen, sobald sie sich auf die Hinterpranken stellen, unter die

Unsere Ehe hatte sich meine Frau anfangs anders vorgestellt. Doch schon bald schloß sie mit Alfred Freundschaft. Später aber betrachtete sie die Lippenbärin sie als Rivalin.

Vorderpranken gelegt. Flötenspiel ertönt. Dabei traktiert man die Bären mit spitzen Stäben an den Hüften. Sie versuchen den Stößen auszuweichen. Es sieht aus, als tanzten sie – eine grauenhafte Dressurmethode. Oft genug wiederholt, »lernen« die Bären den vermeintlichen Kausalzusammenhang zwischen Flötenspiel und Schmerzen und reagieren künftig auf das Instrument mit tänzelnden Bewegungen.

Warum sind solche tierquälerischen Geschäfte mit Tieren im allgemeinen und mit Bären im besonderen nicht zu unterbinden? Oder anders gefragt: Wann lernt der Konsument, sich nicht mehr auf Kosten der Pein der zur Schau gestellten Tiere zu ergötzen und warum verdirbt er solchen Schaustellern nicht das Geschäft? Schließlich kann er sein Interesse an Tieren überall da pflegen, wo Tiere artgerecht gehalten werden.

Der Angriff

Im Herbst 1964 wechselte unser Fallschirmjägerbataillon den Standort. Wir zogen von Bad Bergzabern nach Bexbach um, einem saarländischen Ort unweit von Neunkirchen. In der neuen Kaserne errichtete ich mit Kameraden ein geräumiges Gehege, in dem sich unsere Bärin bald so wohl fühlte wie im alten.

Schnell fanden wir im Saarland neue Freunde. Wie früher das Waldlokal »Wappenschmiede«, so besuchte ich nun mit Alfred öfters nach dem Dienst das außerhalb von Bexbach liegende Heim der Marinekameraden, zu dem wir drei Kilometer marschieren mußten. Hier genossen wir noch mehr Vorzüge. Anders als in Bad Bergzabern, wo wir einen eigenen Tisch hatten, wurden wir beide zum allgemeinen Stammtisch gebeten. Obwohl die Bärin manchmal aus der Rolle fiel, indem sie mal einen Aschenbecher oder eine Bierflasche vom Tisch fegte, waren wir beide dort gern gesehene Gäste.

Bei einer Geburtstagsfeier saßen Alfred und ich zwischen den Marinekameraden auf der Eckbank des Stammtisches. Man sang Seemannslieder und war in lustiger Stimmung. Da sagte einer zu mir, er habe plötzlich einen nassen Hosenboden. Sein Kamerad gegenüber flachste: »Vielleicht hast Du in die Hose gepinkelt«. Aber schon beschwerten sich zwei weitere in der Runde über nasse Hintern, und als sie aufstanden, sahen wir die Bescherung. Die Bärin hatte Wasser gelassen, es lief warm über die Bank. Doch statt zu fluchen, lachten alle und feierten nach dem Aufwischen fröhlich weiter. Das Malheur war meine Schuld gewesen, weil ich vergessen hatte, die Bärin zwischendurch ins Freie zu führen, was ich für gewöhnlich an solchen Abenden tat.

Probleme gab es während der Paarungszeit der Lippenbärin, in der sie mich als ihren Geschlechtspartner ansah. Dann wurde sie mir gegenüber noch anhänglicher und folgte mir auf Schritt und Tritt, wobei sie sich regelrecht zur Paarung anbot. Das begann im dritten Lebensjahr und wiederholte sich jeweils von Mai bis Juni. In diesen Monaten konnte ich sie weder mit mir in Höhlen des Pfälzer Waldes noch neben mir im Zelt schlafen lassen. Wenn sie mit uns im Wald war, lachten die Soldaten und ulkten, der Hauptfeldwebel habe seine Bärin, aber der einfache Soldat sähe hier drei, vier Wochen lang kein Mädchen.

Wenn Alfreds Paarungstrieb zu heftig durchbrach, blieb mir nichts anderes übrig, als sie mit einer langen Kette an einen Baum zu binden. Andererseits freute mich der Beweis, daß sie mich tatsächlich als ihren Artgenossen akzeptierte. Außenstehende mögen darüber vielleicht kopfschüttelnd lachen, so wie es Konrad Lorenz anfangs mit seinen Graugänsen ergangen ist. Mir selbst kamen in jenen Zeiten Bedenken, ob es überhaupt verantwortbar ist, mit einer Bärin so eng zusammenzuleben. Sollte sie während ihrer Bärzeit nicht besser einen richtigen Bären zum Partner haben? Dieses Problem hatte ich natürlich beim Kauf unseres Maskottchens nicht bedacht.

Aus meinem Umgang mit Kragen- und Braunbären im Stuttgarter Zoo und aus Fachbüchern wußte ich, daß sich Bären als typische Einzelgänger nur zum Bären treffen und jeder Partner danach wieder seinen eigenen Weg geht. Gewöhnlich führt eine Bärin ihre Jungen bis ins zweite Lebensjahr, um sie dann abzuschlagen, das heißt, sie zu vertreiben. Erst dann ist sie erneut zur Paarung bereit.

Scheinen sich Lippenbären anders zu verhalten? Weiter vorne habe ich bereits von meiner Beobachtung im Norden Sri Lankas berichtet, wo eine Lippenbärin ihr Junges auf dem Rücken trug und ein dritter Bär neben den beiden hertrottete. War das nur eine zufällige Begegnung? Traf sich die Bärin vielleicht häufiger mit ihrem Partner, obwohl sie ein Junges führte? Oder lebten Bärenmutter und Vater gar mit ihrem Kleinen ständig zusammen? Gewöhnlich verjagt eine Bärin, die Junge führt, jeden anderen Artgenossen, der sich ihnen nähert. Von

nordamerikanischen Schwarzbären ist zum Beispiel bekannt, daß männliche Tiere Jungbären mitunter als Beute betrachten. Die Aggressivität der Mutter schützt also das Überleben der Art.

Lippenbären scheinen sich jedenfalls von anderen Bärenarten durch einige Eigenheiten zu unterscheiden. Leider gibt die dürftige Fachliteratur über Lippenbären nur sehr wenig Auskunft auf derlei Fragen. So fehlt mir der Vergleich und ich muß mich auf meine eigenen Beobachtungen stützen. Alfreds Nachfolgerin, die Lippenbärin Charly, drängte sich mir während der Paarungszeit ebenfalls als Geschlechtspartnerin auf. Bei meiner russischen Braunbärin Kalinka dagegen war das nicht der Fall. Meine Wölfe wiederum umschmusen mich, ihren Oberwolf, während der Paarungszeit zwar auch, aber bei weitem nicht so intensiv, wie Alfred und Charly das getan haben.

Daß höherentwickelte Säugetiere im Menschen ihren Sexualpartner sehen können, zeigte mir noch eine andere Episode. Als der große Zirkus Franz Althoff vor seiner Auflösung die letzte Vorstellung in Stuttgart gab, fuhr ich dorthin, um mich von Freunden zu verabschieden. Anschließend ging ich mit Harry Althoff und der holländischen Tigerdompteuse Yvonne in die Wilhelma. Im Menschenaffenhaus trafen wir dessen Leiter Heinz Scharpf, einen Kameraden einer meiner Expeditionen. Ich fragte ihn, ob ich das Gehege der halbwüchsigen Gorillas betreten dürfe, die seine Frau Gundi aufgezogen hatte. Heinz meinte, die seien ganz schön frech, aber ich würde mit ihnen sicher klarkommen.

Er nahm mich mit in das Gehege, und wie es nicht anders zu erwarten war, stürzten sich die jungen Gorillas nach einigem Herumtändeln voller Neugierde auf uns, um in ihrer halb ruppigen, halb sanften Art mit uns zu spielen. Es machte mir Spaß, mich mit ihnen zu balgen. Auch für Menschenaffen, insbesondere für die sehr kräftigen Gorillas, hatte ich schon immer eine Schwäche. Schade, daß es mir nicht vergönnt war, auch mit solchen Tieren zusammenzuleben.

Hinterher gingen wir zu den Schimpansen. Auf ein Männchen deutend, sagte Heinz zu mir: »Der Bursche hat früher mit einer Schaustellerin zusammen in einem Zirkuswagen gelebt. Seitdem interessiert er sich für keine Schimpansin mehr. Sag mal der Dompteuse, sie soll den Rock hochheben, dann kannst du was erleben.« Yvonne meinte zuerst, ich spinne, aber als ich ihr sagte, wir wollten die Reaktion des Schimpansen testen, hob sie keck den Rock. Sogleich geriet der Schimpanse in Erregung und begann zu onanieren. Man verdächtigte die Schaustellerin der Sodomie. Ich vermute jedoch etwas anderes. Sie hatte den Affen von jung an bei sich, und als er geschlechtsreif wurde, zielte sein Paarungstrieb mangels Artgenossin auf seine Herrin. Darum hatte sie sich wohl auch von ihm trennen müssen.

Da die Paarungszeit bei meinen Lippenbärinnen etwa drei Wochen dauerte, war ich nicht aus diesem Grund zu einer solchen Maßnahme gezwungen. Stattdessen passierte eines Tages etwas anderes, das mich zu dieser schlimmen Entscheidung zwang.

An einem Samstag im Juli 1967 verließ ich mit der nun sechs Jahre alten und voll ausgewachsenen Bärin die Kaserne in Bexbach, um bei Anbruch der Dunkelheit in dem vier Kilometer entfernten »Jägersburger Weiher« zu schwimmen. Das taten wir im Sommer regelmäßig. Es machte ihr immer Spaß, hinter mir herzuschwimmen. Außerdem wurde ihr langer Pelz dadurch sauber, so daß ich sie nicht mehr extra zu duschen brauchte.

Unser Weg zum Weiher führte im ersten Drittel durch buschiges und teilweise offenes Gelände, danach folgte ein bewaldeter Abschnitt. Ich ließ sie wie gewöhnlich frei laufen und wartete geduldig, während sie nach Kerbtieren und Engerlingen grub und sie genüßlich einschlürfte. Dann wieder hob sie ein Wespennest aus. Sie verzehrte süße Beeren, und manchmal kletterte ich mit ihr auch zum Naschen auf einen Kirschbaum. Kurz vor dem Waldrand stürmte sie durch einen Bachgrund und wühlte in der Uferböschung. Im Bach herumzutollen gefiel ihr besonders, hier tobte sie sich richtig aus. Im Wald angekommen, balancierte sie über gefällte Bäume und riß Rinden auf, um an Ameisen zu gelangen. Schließlich erreichten wir den Weiher, wo in der Dunkelheit niemand mehr badete. Während ich mich auszog, planschte sie am Ufer, dann sprangen wir beide ins Wasser und schwammen – sie immer dicht neben mir – den 200 Meter breiten Weiher hin und zurück.

Gewöhnlich gingen wir nach dem Baden wieder in die Kaserne zurück. An besonders heißen Sommerwochenenden aber übernachtete ich mit der Bärin gerne im Wald. So auch in dieser Nacht von Samstag auf Sonntag. Als Schlaflager schichtete ich aufgelesene Fichtenäste so auf, daß ein Luftpolster entstand, das die kühle Bodenfeuchtigkeit von mir abhielt. Die Bärin kuschelte sich dicht an mich und nuckelte wie immer, bevor sie einschlief, an ihrer Pfote und an meinem Arm. Dabei gab sie surrende Töne von sich, die sich wie ein Bienenschwarm anhörten.

Am nächsten Tag machten wir uns erst gegen Mittag auf den Rückweg. Inzwischen war es brütend heiß geworden. Auf dem letzten Stück zur Kaserne mußten wir eine größere freie Fläche überqueren. Doch bei dieser Gluthitze widerstrebte das der Bärin. Sie legte sich in den Schatten eines Baumes und kam mir nicht hinterher. Von der sengenden Sonne ziemlich geschafft und genervt, wollte ich meinen Willen durchsetzen, leinte sie an und zog sie hinter mir her. Eine Weile folgte sie mir störrisch brummend, bis sie sich schließlich weigerte weiterzulaufen. Sie schlug sogar mit der Pranke nach mir und hatte sichtlich die Schnauze voll, sich mit ihrem dichten schwarzen Fell der Sonne auszusetzen. Meine Versuche, sie zum Weitergehen zu bewegen, steigerten ihre anfängliche Aversion in Aggression. So etwas hatte ich mit ihr noch nie erlebt. Auch das übliche Zureden stimmte sie nicht um. Ihre Augen quollen vor Wut regelrecht hervor und röteten sich. Ein unheimliches Gefühl überkam mich und ich zögerte. War es in diesem Moment zu einem einschneidenden Wandel in unserem beiderseitigen Verhältnis gekommen? Faßte Alfred vielleicht gar meine plötzliche Ratlosigkeit und mein Zögern als Umkehrung der Rangordnung auf? Galt ich für sie aufeinmal nicht mehr als der stärkere Bär? Diese Gedanken schossen mir durch den Kopf.

Mit viel Mühe schaffte ich es noch, sie zum Gehege zu bringen. Die Tür stand offen, und gewöhnlich lief sie von alleine hinein. Doch als ich sie ableinen wollte, brachen alle angestauten Aggressionen aus ihr hervor. Sie griff mich urplötzlich nach Lippenbärenart an, biß mir wutentbrannt in den rechten Arm und schlug mit der Pranke nach mir. Als ich mit dem Stiefel nach ihr trat, machte sie sich rund und rollte wie eine Kugel auf mich zu. Sie biß sich in meiner rechten Hüfte fest. Obwohl ich stark blutete und höllische Schmerzen verspürte, gelang es mir, sie am Genick zu packen und zu Boden zu drücken. Meine Angst verlieh mir wohl die Kraft, mich auf sie zu pressen und sie zu würgen, so daß sie nicht mehr hochkam. Als meine Kräfte nachließen, rollte ich mich von ihr herunter und stand blitzschnell wieder auf den Beinen. Da ließ sie von mir ab und flüchtete in das Gehege, das ich rasch abschloß.

Völlig mit Blut verschmiert, setzte ich mich trotz meiner ungeheuren Schmerzen ins Auto und fuhr von der Kaserne in unsere nahegelegene Wohnung. Meine Frau rief entsetzt: »Um Gottes willen, was ist passiert? Du siehst ja furchtbar aus!« Ich erzählte ihr von Alfreds Angriff und bat sie, mich sofort nach Homburg in die Universitätsklinik zu fahren.

Durch den Blutverlust und die Schmerzen fühlte ich mich zu schwach,

Überrascht, unschlüssig, aber voller Neugierde betrachtet Alfred das tote Huhn. Bis dahin hatte ich sie immer nur vegetarisch oder mit bereits zerlegtem Fleisch gefüttert.

um die acht Kilometer selbst zu fahren. Also raste Erika mit mir gleich los, lieferte mich beim Notarzt ab und gab als Unfallursache an: »Mein Mann ist vom Bären gebissen worden.« Auf die Frage des verblüfften Arztes, ob ich vom Zirkus sei, klärte ich ihn über das Maskottchen unseres Fallschirmjägerbataillons auf. Jetzt ging ihm ein Licht auf, denn davon hatte er schon gehört und in der Presse gelesen. Als ich mein blutgetränktes Hemd auszog, seufzte er: »Puh! Der Bär hat ja ganz schön hingelangt. Legen Sie sich erst mal aufs Bett, damit ich die Bißwunden reinigen kann.« Man nähte meine Wunden am rechten Arm und Oberschenkel und legte mir dichte Verbände an. Der um die Hüfte kam mir vor wie ein Korsett. Trotz starker Schmerzen fühlte ich mich bald wesentlich wohler.

Eine Spritze gegen Tollwut lehnte ich ab, da ich sicher war, daß Alfred keine hatte. Gegen Wundstarrkrampf war ich als Bundeswehrsoldat ohnehin geimpft. Sicherheitshalber verpaßte man mir eine zusätzliche Tetanusspritze. Zu meiner Erleichterung hörte ich, daß die Fleischwunden zwar tief, aber Venen und Arterien verschont geblieben waren. Der Arzt ordnete vorläufige Ruhe und eine Nachuntersuchung in drei Tagen an und gab mir Schmerztabletten mit.

Wieder zu Hause in Bexbach, wälzte ich mit Erika zahlreiche Fragen. Warum hatte mich die Bärin angegriffen? Was hatte ich falsch gemacht? War es noch zu verantworten, Alfred zu behalten? Wie würde unser Kommandeur auf den Vorfall reagieren? Vielleicht mit dem Verbot, künftig Bären als Maskottchen zu

halten? Schließlich wurde mir klar, daß ich vorläufig den Kreis der Mitwisser so klein wie möglich halten mußte.

Am nächsten Tag führte ich mit unserem Truppenarzt im Sanitätsrevier ein vertrauliches Gespräch. Er verstand meine Argumente und hatte Einsehen. Nach einem Telefonat mit dem Arzt der Homburger Klinik, der ihm die Diagnose durchgab, übernahm er die weitere Behandlung. Er schrieb mich vorläufig acht Tage krank und versprach, mit niemandem über die Unfallursache zu sprechen. Schließlich vertraute ich mich noch meinem Kompaniechef an, der ebenfalls Schweigen gelobte. Nach zwei Wochen war ich wieder fit. In dieser Zeit wurde die Bärin von meinen Kameraden und von meiner Frau versorgt.

Schon drei Tage nach meiner Genesung betrat ich ohne Wissen meiner besorgten Frau Alfreds Gehege, setzte mich auf den darin liegenden Baumstamm und wartete gespannt, was passieren würde. Die Bärin begrüßte mich stürmisch wie eh und je, so als sei nichts geschehen. Heftige Schmerzen zwangen mich allerdings, das Gehege wieder zu verlassen. Vor der endgültigen Verheilung kam ein Besuch bei ihr nicht mehr in Frage.

In den nächsten Tagen rief ich drei befreundete Bärendompteure an und bat sie um Rat. Alle waren einer Meinung. Wenn ein Bär einmal seinen Herrn angegriffen hat, kann das immer wieder vorkommen. Sie rieten mir, Alfred töten zu lassen oder sie in einen Zoo zu geben. Die Tötung lehnte ich strikt ab, dazu liebte ich die Bärin ungeachtet ihrer At-

Bären sind Allesfresser –
je süßer die Schleckerei
desto besser. Obst gilt
als Delikatesse.

tacke zu sehr. Drei Wochen später besprach ich mich mit dem Karlsruher Zoodirektor, mit dem ich befreundet war. Er hatte von einem in Indien arbeitenden Bauingenieur eine halbzahme Lippenbärin bekommen und schlug mir vor, die Tiere einfach zu tauschen.

Die Entscheidung fiel mir sehr schwer, aber letztendlich siegte die Vernunft. Unser Bataillon konnte sich ein Bärenmaskottchen nur leisten, wenn es die Sicherheit der Soldaten nicht gefährdete. So willigte ich schweren Herzens in den Tausch ein.

Als ich meine geliebte Bärin in das Gehege des Karlsruher Zoos brachte, mußte ich weinen. Die Trennung von ihr schmerzte mich noch lange und ich machte mir Vorwürfe. Mir war zumute, als hätte ich einen vertrauten Freund dem Gefängnis ausgeliefert.

Zusammen mit Erika besuchte ich die Bärin häufig in ihrem neuen Zuhause und fütterte sie mit ihren Lieblingsspei-

sen. Alfred und ich freuten uns jedes Mal riesig über unser Wiedersehen. Um so mehr stimmten mich dann die Abschiede traurig.

In der Retrospektive schmerzt mich heute eines besonders: Sich von Alfred zu trennen, war in Wahrheit gar nicht notwendig gewesen. Dessen bin ich mir heute absolut sicher. Was ich damals nicht wissen konnte, lernte ich später aus meinem Zusammenleben mit mehreren Generationen von Wölfen. Ich war zudem von »Experten« beraten worden, die es selber nicht besser wußten. Um deutlich zu machen, weshalb sich mir der Sachverhalt aus heutiger Sicht anders darstellt, bedarf es jedoch des direkten Vergleichs mit dem Verhalten meiner anderen drei Bären, weshalb ich diese Frage in Zusammenhang mit meinem Kodiakbären Johnny noch einmal aufgreifen werde.

1977 ist Alfred gestorben.

Drei Jahre mit Charly

Mein Entschluß stand fest, eine junge Lippenbärin aus Indien als neues Maskottchen nach Bexbach zu holen. Der Karlsruher Zoodirektor war damit einverstanden. Das sechs Monate alte Tier hatte schon reichlich Erfahrungen mit Menschen gemacht, gute wie schlechte. Kurz nach seiner Geburt hatte man seine Mutter in Südindien getötet und die kleine Bärin zur Baustelle einer deutschen Firma aus Mannheim gebracht, um sie dort für Geld herzuzeigen. Ein junger Bauingenieur aus Mannheim kaufte sie ihrem indischen Besitzer aus Mitleid ab, um ihren sicheren Tod zu verhindern. Er versorgte das Bärenjunge, das ihn bald als seine Mutter betrachtete, auf seiner mitten im Dschungel gelegenen Baustelle. Ihm war klar, daß das kein Zustand auf Dauer bleiben konnte, zumal sein Job in Indien befristet war. So entschloß er sich, die kleine Bärin in den Heimaturlaub mitzunehmen und einem Zoo zu schenken. In Karlsruhe erklärte man sich bereit, das Tier anzunehmen.

Natürlich war abzusehen, daß die neue, fremde Umgebung und der Verlust der Kontaktperson für die Bärin zum Problem werden würde, da auch bei Jungbären Geborgenheit in dieser Entwicklungsstufe lebenswichtig ist. In Zoos bringen aber nur wenige Tierpfleger das nötige Einfühlungsvermögen besonders für diese Bärenart auf. Hinzu kommt der Schichtwechsel am Wochenende, der die Tiere einem ständigen Wechsel der Bezugsperson aussetzt und eine Fixierung kaum erlaubt.

Ähnlich wie beim Menschen führt ein häufiger Wechsel der Kontaktperson auch bei Tierjungen höherer Säuger zu Verunsicherung und auffälligem, abnormen Verhalten. Ihre Persönlichkeit – von nichts anderem kann man bei Bären sprechen – wird dann in einer höchst sensiblen Entwicklungsphase irritiert.

So erging es auch der jungen Lippenbärin, die anfangs recht zutraulich war, aber durch falsche Behandlung zusehends aggressiver wurde. Schließlich kamen die Pfleger nicht mehr mit ihr klar. Die Bärin an der Leine zu führen, war bald erst recht nicht mehr denkbar.

Zum zweiten Mal stand am Anfang einer innigen Beziehung zwischen einem Raubtier und mir die Warnung eines Fachmanns. Der Oberpfleger des Karlsruher Zoos, Dieter Engelmann, ein Freund von mir, meinte: »Laß die Finger von dieser Bärin, die bekommst Du nicht mehr hin.« Der Zoodirektor Dr. Birkmann jedoch war von meiner Idee überzeugt: »Abwarten! Wenn es einer schafft, dann Werner Freund.« Ihn kannte ich schon seit Jahren und wir wußten einander einzuschätzen. Mir selbst kamen Bedenken, als ich sah, daß sich die Bärin nicht anleinen ließ, gar um sich biß und sich mit den Pranken wehrte.

So nahm ich sie in einer Kiste nach Bexbach, setzte sie ins Bärengehege unserer Kaserne und nahm mir 14 Tage Urlaub, um mich eingehend mit ihr zu beschäftigen. Selbst nachts blieb ich bei ihr. Allmählich faßte die Bärin Vertrauen zu mir. Als ich mich auf den Boden legte, näherte sie sich mir zuerst vorsichtig. Nach drei Tagen kam sie direkt zu mir, um sich an mich zu kuscheln und mit mir zu spielen. Gefüttert wurde sie wie auch zuvor Alfred mit gekochtem süßen Milchreis und Obst. Als ich ihr im Spiel Halsband und Leine anlegte und sie sich dies gefallen ließ, merkte ich, daß ihr Vertrauen zu mir gewachsen war. So angeleint, ging sie mit mir sogar von der Kaserne zum Übungsplatz. Da sie vorläufig nur dort frei herumlaufen durfte, freute sie sich bald über das Anleinen und gewöhnte sich daran, losgebunden

blieb sie aber immer in meiner Nähe.

Dann wurde die Bärin als unser neues Maskottchen vorgestellt und auf den Namen »Charly« getauft. Genau wie Alfred wurde sie mit den Soldaten vertraut und ihr Liebling. Sie liebte es, mit mir im offen Jeep durchs Gelände zu fahren und war bei allen Übungen dabei. Galt es, irgendwo eine Stellung auszubauen, war sie stets mit voller Tatkraft bei der Arbeit, indem sie mit ihren langen Sichelkrallen den Boden aufriß. Sie kletterte mit mir auf wilde Kirschbäume, um die Früchte zu verzehren. Ich brachte ihr auch bei, die Hochsitze von Jägern zu besteigen und rückwärts wieder herunterzuklettern. An warmen Tagen schwamm ich mit ihr durch den Jägersburger Weiher und unternahm mit ihr die gleichen Wanderungen wie mit Alfred. Die Fehler, die ich mit ihrer Vorgängerin gemacht hatte, wiederholte ich nicht.

Viel Freude hatten wir an den Wochenenden und abends nach Dienstschluß, wenn uns mein Freund Dr. Willy Meier mit seinen drei Rottweilerhunden besuchte. Wir gingen zusammen ins Gelände und die Bärin spielte mit den Hunden. Es entstand eine richtige Freundschaft zwischen ihnen. Da die Bärin beim Lauftempo der Hunde nicht mithalten konnte, stellten sich die Rottweiler auf sie ein. Übersprangen sie an einer breiten Stelle einen Bach, suchte sich Charly eine schmalere Furt aus und folgte ihnen. Kletterte sie an Stämmen hoch, versuchten die Hunde, kläffend zu ihr hochzuspringen. Dabei klopfte sie ihnen im Spiel mit der Pranke auf die Nase.

Ernster wurde es, wenn Charly ein

Die sechs Monate alte Charly in ihrem neuen Zuhause.

Wespennest oder Ameisen aufgespürt hatte und sich ihr Beuteverhalten durchsetzte. Kamen ihr dabei die Hunde zu nahe, schlug sie in Abwehrhaltung nach ihnen. Die Rottweiler begriffen das schnell und hielten sich schon bald in solchen Situationen zurück.

Obwohl Lippenbären typische Tropentiere sind, fühlte sich Charly im Winter auch bei hohem Schnee bärig wohl. Sie hüpfte darin begeistert herum, und da sie nichts Freßbares fand, frönte sie ihrem Spieltrieb. Sprang ich in eine Schneewehe, folgte sie nach und balgte sich mit mir darin. Als die Soldaten einen Schneemann gebaut hatten, schlug sie ihn zur allgemeinen Belustigung gleich wieder zusammen.

Während eines Winterbiwaks schlief die Bärin mit mir in einem Schnee-Iglu. Ansonsten verbrachte sie die Wintertage in einem frostfreien Raum und schlief in einer mit Stroh ausgelegten Kiste, die auf Pfosten stand und Charly so vor der Bodenkälte bewahrte. Ich achtete immer darauf, daß sie nur frisches und kein tiefgefrorenes Futter bekam.

Obwohl wir sie reichlich mit Nahrung versorgten, sucht sie im Freien vom Frühjahr bis zum Spätherbst Beute, meist Engerlinge, Ameisen und deren Eier, Wespen und wilde Bienen, manchmal auch eine Maus. Wie Alfred schleckte sie auch allerlei Beeren und Früchte. Fröschen sprang sie nach, vertilgte sie aber nicht. Dagegen erwischte ich Charly, wie sie in einer Wildrosenhecke ein Amselnest aushob und die noch nicht flüggen Jungen auffraß. Ich wurde darauf aufmerksam, als die Amseleltern in einem Baum über der Hecke aufgeregt laut zwitscherten. Leider kam ich zu spät. Ein anderes Mal schnappte sie eine Jungkrähe, die aus dem Nest gefallen war und noch nicht richtig fliegen konnte und vertilgte sie gleichfalls. Damit das nicht ausartete, nahm ich im Jeep oft einige Hühnereier mit und versteckte sie im Gelände. Wenn Charly sie entdeckt und gefressen hatte, erlosch ihre Jagdlust. Ebenso verfuhr ich mit ungerupften toten Hühnern von einer Hühnerfarm, an denen sie sich gütlich tat.

Waren wir im Gelände, mußte immer einer der Soldaten Charly im Auge behalten, denn wie auch Alfred duldete sie keine Zivilisten in unserer Nähe. Tauchte bei der Geländeausbildung ein Fremder auf, erschrak sie und setzte zum Angriff an. Bei solchen Vorfällen wurde ich sofort verständigt, und nach gutem Zureden ließ sie von ihrer Absicht ab. Interessanterweise störte es Charly überhaupt nicht, wenn ich sie in der Kaserne aus ihrem Gehege holte und Zivilisten dabei waren. Ich schließe daraus, daß ihr Abwehrverhalten im Gelände gegenüber Fremden pure Revierverteidigung war. Denn draußen interpretierte sie die nähere Umgebung unseres klar begrenzten Lagers mit den einheitlich gekleideten Insassen offensichtlich problemlos als ihr Territorium, während die Abgrenzungen des Kasernenareals ihr offensichtlich zu unbestimmt waren und das ständige Kommen und Gehen von Uniformierten und Zivilisten bei ihr keine Identifikation stattfinden ließ. Alfred hatte es da genauer genommen.

Auf dem Übungsplatz unseres Bataillons weidete auch eine Schafherde. Sobald ich mich mit der Bärin näherte, scharten sich die Tiere zusammen und stampften in einigem Abstand mit ihren Vorderläufen fest auf den Boden. Charly stellte sich auf die Hinterpranken, prustete und bewegte dabei ihre Vorderpranken wie ein Boxer. Die Hütehunde hatten großen Respekt vor ihr und liefen, die Rute ängstlich eingezogen, bellend in großem Bogen um sie herum. Um die Herde auf dem Übungsplatz nicht dauernd zu beunruhigen, besprach ich mich mit dem Schäfer, und die Bärin und ich gingen fortan andere Wege.

Marschierte mein Zug durch ein Gelände, das Charly nicht kannte, lief sie immer brav hinter mir her. War ihr jedoch das Gelände vertraut, so mußte ich öfters nach ihr rufen, bis sie angespurtet kam. Manchmal verspürte sie auch keine Lust, mit uns in die Kaserne zurückzukehren, so daß ich sie anleinen mußte.

Im großen und ganzen verhielt sich Charly nicht viel anders als ihre Vorgängerin. Das galt auch für ihre Triebzeit, in der sie mich genau wie Alfred als ihren Geschlechtspartner ansah und sich zur Paarung anbot. Dabei hielt sie sich an mir fest und rieb ihre Scheide an meinen Beinen.

Sternstunde eines Bärenlebens.

Als unser Bataillon eine Auslandsübung absolvierte und ich bei dem Nachkommando zurückblieb, wurde unsere Kaserne von einer anderen Einheit bewacht. Kurz vor Einbruch der Dunkelheit kam ich nach einer vierstündigen Wanderung mit der Bärin zurück. Wie üblich lief sie am Nordtor der Kaserne voran und wollte den Wachposten, gemäß ihrem jedem in unserer Einheit bekannten Ritual, begrüßen. Natürlich kannte der fremde Wachsoldat unser lebendiges Maskottchen nicht. Als er die Bärin auf sich zutrotten sah, kletterte er, von Angst gepackt, im Nu auf das Wachhäuschen und hockte darauf wie auf einem Sattel, während Charly versuchte, ebenfalls hinaufzugelangen. Zuerst verblüfft über die Szenerie, mußte ich dann doch lauthals lachen. Der verängstigte Wachposten fand das gar nicht komisch und war heilfroh, als ich Charly anleinte.

Eines Tages aber, als wir Charly schon drei Jahre hatten, passierte dann etwas, das nichts mehr mit Spaß zu tun hatte. Dieter Ebner vom Saarländischen Rundfunk, ein inzwischen verstorbener Freund, wollte unser Soldatenleben mit der Bärin filmen. Dabei interessierte ihn besonders ihr Verhalten während der Geländeausbildung. Obwohl ich schon früher bemerkt hatte, daß Charly unruhig wurde, wenn ein Fotograf sie aufnahm, gestattete ich die Dreharbeiten. Es war ein großer Fehler.

Als uns der Kameramann auf dem Übungsplatz zusammen mit der Bärin filmte, wich sie ihm anfangs ständig aus. Hartnäckig versuchte er aber immer wieder, sie ins Bild zu bekommen. Da wurde es Charly zuviel. Sie ging zum Angriff über, schlug Dieter Ebner die Kamera aus der Hand und verletzte ihn am Arm. Seine beiden Assistenten flüchteten in die nächstgelegenen Büsche. Dann rannte die Bärin blitzartig vom Übungsgelände davon und lief die 500 Meter weit zurück zur Kaserne, passierte das geöffnete Tor und marschierte zu ihrem Gehege. Unterwegs traf sie auf eine Panzerbesatzung, die gerade mit einem Wasserschlauch ihr Fahrzeug reinigte. Da machte sich einer der Soldaten den Spaß, die Bärin mit dem Schlauch naßzuspritzen. Das steigerte ihre Verärgerung. Wutentbrannt rannte sie auf die Soldaten zu, die sofort auf ihren Panzer sprangen. Da ich Charly hinterhergelaufen war, sah ich, wie sie versuchte, auf den Panzer zu klettern, von dem herunter die Jungens sie dummerweise noch weiter reizten. Sie hätte sie sicher auch noch angegriffen, wenn es mir nicht mit viel Mühe gelungen wäre, sie durch gutes Zureden zu beruhigen und ins Gehege zu bringen.

Das Fiasko wurde natürlich Tagesgespräch, in der Kaserne wie in den Bexbacher Kneipen. Vom Kommandeur zum Rapport gebeten, spielte ich die Sache herunter und argumentierte, daß die Bärin nur durch die Dreharbeiten dermaßen in Erregung geraten sei: Bestimmt werde sich ein solcher Vorgang nicht wiederholen. Insgeheim aber war mir klar, daß Charly in unvorhersehbaren Situationen wieder so reagieren würde.

Einen weiteren Vorfall dieser Art konnte ich mir dienstlich nicht leisten. Die Tatsache, daß es ja auch hätte schlimmer kommen können, würde mir niemand zugute halten. So stand ich, wie schon nach Alfreds Angriff, abermals vor dem Zwang, Konsequenzen ziehen zu müssen. Sie wurden mir erleichtert, als ich zwei Wochen später beim Besuch des Berliner Zoos mein Problem mit dessen Direktor Professor Klös besprechen konnte. Er erzählte mir, daß er sich ab September eh ein Lippenbärenpaar habe zulegen wollen. Wir vereinbarten, daß ich ihm Charly schenke und er sich dazu noch einen Lippenbären aus Indien kauft. Ich freute mich, für die Bärin eine so gute Bleibe gefunden zu haben. Es war März, und Charly und mir war noch ein halbes Jahr vergönnt.

Fortan war ich mit der Bärin jede freie Minute unterwegs. Der Zwischenfall hatte ihr Vertrauen zu mir nicht gestört, unsere Beziehung wurde sogar noch enger. Auch den ihr vertrauten Soldaten gegenüber verhielt sie sich wie eh und je.

Der Gedanke, daß uns Charly im September verlassen würde, tat allen weh.

Der Sommer verstrich, der Tag des Abschiednehmens kam. Für den Transport nach Berlin hatte ich schon im Juli eine große Kiste besorgt, in der die Bärin während der letzten Monate im Gehege schlief. Somit hatte sie Vertrauen zu dem Transport-Behältnis, und in der Nacht vor der Abfahrt überlistete ich sie, indem ich den Schieber hinter ihr schloß. Darüber zeigte sie leichten Unmut. Ich verstand sofort. Es war ein glatter Vertrauensbruch, der mich sehr schmerzte. Als die Kiste am frühen Morgen verladen wurde, hatte sich Charly wieder beruhigt. In Braunschweig gab ich die Bärenkiste als Expreßgut nach Berlin auf. Noch ein letztes Mal streichelte ich meiner Bärin durch die Gitterstäbe über den Kopf. Mir standen Tränen in den Augen. Unansprechbar verließ ich den Bahnhof.

Die Braunbärin Kalinka

Eine Jungbärin mit 200 PS

Die überaus positive Resonanz, die unsere beiden Bären-Maskottchen bis dahin in der Öffentlichkeit gefunden hatten, war in Bundeswehrkreisen schnell als willkommene Unterstützung der allgemeinen Öffentlichkeitsarbeit erkannt worden. Sie gaben dem Ansehen der Fallschirmjäger eine besondere Note. Aus diesem Grund hatte der Zwischenfall mit Charly keine Auswirkungen auf die prinzipielle Bereitschaft, dem 262er Fallschirmjägerbatallion ihre exzentrischen Maskottchen zuzugestehen.

Im Landauer Tiergarten kam jedes Jahr Braunbärennachwuchs zur Welt, mal zwei oder drei, aber auch mal nur ein Bär. Die Bärenmutter war eine russische Braunbärin, der Vater des jährlichen Wurfes ein nordamerikanischer Grizzly. Die Jungen nahm man gleich nach der Geburt aus der Bärenanlage. Sie wurden mit der Flasche aufgezogen. Später bekamen sie Haferbrei mit Milch in ihren Futtertrog. Bis zum Spätherbst hielt man sie in einem kleinen Gehege, das für Besucher besser einsichtig war. Nach Saisonende wurden die Bären dann gewöhnlich an einen Zoo oder Zirkus verkauft.

Ich fragte meinen Freund Roland Schneider, den Leiter des Tiergartens, ob ich nicht einen der dieses Jahr zu erwartenden jungen Braunbären als Nachfolger für Charly bekommen könnte. Er meinte: »Werden drei geboren, gebe ich Dir einen sofort ab. Kommen nur ein oder zwei zur Welt, mußt Du bis Herbst warten, denn Bärenjunge sind unsere Hauptattraktion.« Jetzt konnte ich nur hoffen, daß der Wurf drei Junge brachte. Aber im Februar teilte mir Roland mit, daß leider nur ein Bärenbaby geboren worden sei. Was tun? Im Herbst würde das Tier schon ein halbes Jahr alt sein, reichlich spät für eine Kontaktaufnahme. Ich wollte das Tier aber so jung wie möglich an mich und meine Kameraden gewöhnen.

Ende März hatte Roland das Junge bereits aus der Bärenanlage genommen. Es war eine Bärin. Da kam mir eine Idee. Ich fuhr sofort mit meiner Frau nach Landau und machte Schneider den Vorschlag, daß ich das Bärenjunge unter der Woche bei ihm aufsuchen würde, um es während der prägesensiblen Phase bis zur Übernahme im Herbst an uns gewöhnt zu haben. Roland meinte: »Kein Problem! Wenn abends der Tiergarten geschlossen ist, könnt ihr die kleine Bärin auf unserer Wiese ausführen.«

So hielten wir es auch. Das Junge bekam in der ersten Zeit immer eine Flasche mit Kuhmilch und Haferbrei, und wann immer wir kamen, übernahmen meine Frau und ich die Fütterung. Ab Anfang Mai gab ein Tierpfleger der Bärin den Haferbrei in einen Trog. Wir behielten jedoch das Füttern mit der Flasche bei, spielten sozusagen Ersatzmutter. Da die Bärenmutter eine waschechte Russin war, taufte Erika unseren kleinen Zögling auf den Namen Kalinka.

Schon nach kurzer Zeit hatte sich die Kleine an uns gewöhnt. Jedesmal wenn wir kamen, begrüßte sie uns freudig. Vermutlich schon deshalb, weil sie wußte, daß sie gleich darauf ihr Fläschchen bekam. Schon bald begann sie, vertrauensvoll an meinem Arm zu nuckeln: ein Zeichen, das ich ja schon von Alfred und Charly kannte.

Unser erster Versuch, ihr ein Halsband anzulegen und sie an der Leine aus dem Gehege zu führen, war gleich ein voller Erfolg. So startete Kalinka zu ihrem ersten Erkundungsspaziergang im Landauer Tierpark. Nachdem sie sich an die Leine gewöhnt hatte, ließen wir Kalinka frei auf der Zoowiese laufen, wo sie ungestüm mit uns spielte. Gleichzeitig gewöhnte ich sie an den Lederriemen um den Fang, ohne den es ja nicht möglich ist, Bären unter Menschen zu halten. Denn trotz ihrer an sich ruhigen Lebensart geraten sie in prekären Situationen leicht in Erregung und schlagen dann blitzschnell auf alles ein, was ihnen vor die Pranke kommt. Das hatten mir meine beiden Lippenbärinnen ja schon demonstriert.

Ein Laie kann sich gar nicht vorstellen, wie temperamentvoll und ausgelassen junge Bären sind. Ungeahnte PS-Stärken scheinen sie anzutreiben, wenn sie aus dem Stand plötzlich losspurten. Mal gehen sie in Deckung und verstecken sich, um von einer anderen Seite überraschend das Spiel von neuem zu beginnen. Wenn sie merken, daß der Spielgegner ihre Taktik durchschaut hat, rollen sie sich blitzschnell in ihn hinein. Alles, was sich in ihrer Umgebung bewegt, verfolgen sie mit Argusaugen. Kalinka jagte bei jeder sich bietenden Gelegenheit Enten und Hühnern nach, die im Tiergarten frei herumliefen. Um Koppeln von größeren Tieren wie Kamelen und Eseln machte sie jedoch respektvoll einen Bogen. Junge Bären sind keineswegs so tolpatschig, wie sie manchmal wirken, aber in der Spiellaune kann es leicht vorkommen, daß sie Geländeabschnitte falsch

Um zu Raubtieren einen lebenslangen Sozialkontakt begründen zu können, muß man sie bereits in den ersten Lebenswochen auf sich fixieren. Im Landauer Tiergarten hatte Kalinka genügend Zeit, in unsere Familie hineinzuwachsen.

einschätzen und buchstäblich auf die Schnauze fallen.

Jungbären stehen ständig unter Strom. So lockte eine im Tiergarten brütende Wildente Kalinka von ihrem Gelege weg und stellte sich flugunfähig, indem sie mit ausgebreiteten, leicht nach unten abgeknickten Flügeln eine Verletzung simulierte. Doch kaum daß sich die Bärin angeschlichen hatte, flog die Ente ein paar Meter weiter. Das Spiel setzte sich bis zum Ententeich fort. Dort lief die Ente über ein für sie und ihre Küken angebrachtes Start- und Landebrett. Natürlich folgte ihr Kalinka. Prompt brach der Steg unter ihrem Gewicht entzwei, und die Bärin landete im Wasser, was sie sichtlich verblüffte. Einem ausgewachse-

Jungbären stehen ständig unter Strom. So sammeln sie unter den wachsamen Augen ihrer Mutter lebenswichtige Erfahrungen.

nen Bären, der gelernt hat, auf jeden Schritt zu achten, wäre das nicht passiert. Kalinka stieg wie ein begossener Pudel aus dem Ententeich, kam auf uns zugelaufen und schüttelte das schmutzige Wasser direkt zu unseren Füßen ab. Schnell war der Vorfall bei ihr vergessen und ihre Aufmerksamkeit durch neue Attraktionen gefesselt.

Als wir sie am nächsten Tag im Tiergarten freiließen, war sie plötzlich im Gebüsch verschwunden. Obwohl sie auf unsere Rufe bis dahin immer gehört hatte, kam sie nicht. Ich sagte zu Erika: »Komm, wir gehen zum Ententeich, wahrscheinlich jagt sie dort Enten.« Erika mochte das nicht glauben. Meine Ahnung bestätigte sich. Im Teich schwamm

Kalinka hinter den Enten her. Einigen war das ganze bald zu riskant, und sie flatterten genervt aus dem Wasser. Bei Jungbären muß man mit allem rechnen, sie kommen immer wieder auf neue Ideen.

Im Landauer Tiergarten hatte ich noch eine zweite Freundin gewonnen, und zwar das Schimpansenmädchen »Bärbel«. Sie wurde von Roland Schneider aufgezogen, da ihre eigene Mutter die Aufzucht verweigerte. So wurde ich sozusagen zu ihrem Besuchsonkel, der ihr immer etwas mitbrachte und ausgelassen mit ihr spielte. Schon bald entstand eine Freundschaft zwischen uns. Roland gab mir den Schlüssel, so daß ich zu ihr ins Affenhaus konnte. Drinnen sprang sie jedesmal freudig auf und kletterte gleich an mir hoch. Wir umarmten uns, sie tastete mit ihren Fingern meinen Kopf ab und spielte mit meinen Haaren. Ich war so fasziniert von Bärbel, daß ich mir bei jedem Besuch eine Stunde Zeit für sie nahm.

Als sie im Alter von drei Jahren in eine Schimpansengruppe aus älteren und jüngeren Tieren eingegliedert wurde, die ich nicht kannte, wäre ich beim Betreten des Geheges als Eindringling betrachtet worden. Deshalb begrüßten Bärbel und ich uns nur noch am Gitter, was natürlich die Eifersucht der anderen Schimpansen hervorrief. Da ich ihr zuvor immer ein Spielzeug mitgebracht hatte, das sie mir wiederbrachte, wenn sie dessen überdrüssig wurde, kann ich mir auch den folgenden amüsanten Vorfall erklären. Ich stand mit Erika am Gitter und spielte mit Bärbel, als mir plötzlich ein anderer

Schimpanse die Sonnenbrille aus der Tasche stibitzte und damit auf den Ast eines Baumes sprang. Erika lachte spöttisch: »Siehst Du, die Affen klauen Dir schon die Brille.« Zu unserer Verblüffung sprang Bärbel dem Dieb nach, nahm ihm die Brille wieder ab und brachte sie mir zurück. Jetzt war ich an der Reihe: »Siehst Du, eine Affenfreundin muß man haben.«

Im Juli begannen wir damit, Kalinka ein bis zwei Mal im Monat in unserem Wagen mitzunehmen, damit sie sich daran gewöhnte und später der Transport nach Bexbach reibungslos verlief. In jenen Monaten waren meine Frau und ich regelrechte Bärenmenschen, denn in der übrigen Freizeit waren wir ja noch mit Charly unterwegs.

Als wir Ende September von der Lippenbärin Abschied nehmen mußten, war auch der Zeitpunkt gekommen, da Roland Schneider es uns erlaubte, Kalinka endlich nach Bexbach mitzunehmen. Ohne weiteres stieg sie in unseren Renault ein. Ich hockte mich neben die Bärin auf den Rücksitz, und Erika fuhr. Unterwegs hielten wir zweimal an und ließen Kalinka frei im Wald herumlaufen. Diese Fahrpausen nutzte sie sofort, um mit uns herumzutoben. Mußten wir wieder einsteigen, tat sie das ohne Widerstand und auch ohne angeleint zu sein. Unsere Mühe hatte sich gelohnt. Wir waren eine richtige »Bärenfamilie« geworden.

In der Kaserne hatte ich das Gehege vorher gründlich mit Schmierseifenlauge gereinigt, damit die Braunbärin nicht durch den Geruch der Lippenbärin verunsichert wurde oder Angst bekam. In Bexbach angekommen, inspizierte Kalinka sofort ihr neues Gehege auf das sorgfältigste, bevor sie sich zu mir auf das vorbereitete Strohbett legte, wo sie schon bald darauf zufrieden an meinem Arm nuckelte. Da wir sie an einem Wochenende geholt hatten, brachte uns Erika am nächsten Morgen das Frühstück. Kalinka bekam süßen Reisbrei mit Obst und ich Kaffee und Brot. Anschließend gingen wir auf den Übungsplatz und ließen die Bärin von der Leine. Es hatte stark geregnet und nieselte immer noch leicht. Kalinka tollte besonders ausgelassen herum. Sie sprang in Schlammlöcher und Dreckpfützen, hüpfte darin hin und her und patschte mit ihren Pranken ins Wasser. Dann sprang sie Erika und mich an, so daß wir von oben bis unten besudelt wurden. Für uns bestand kein Zweifel mehr daran, daß Braunbären wesentlich temperamentvoller, grober und kräftiger sind als Lippenbären. Nachdem sich Kalinka vier Stunden lang ausgetobt hatte, brachten wir sie wieder in das Gehege.

Braunbären sind ganz anders

Kalinka entwickelte sich bald zu einer frechen Bärendame. Wurde sie grob, reagierte ich genauso grob, woraufhin sie gleich wieder folgsam und zutraulich wurde. Ich setzte mich ihr gegenüber von Anfang an als der stärkere Bär durch. Erika war für sie eine Art Spielkamerad. Aber als Kalinka größer wurde, mußte meine Frau bald auch genauso grob reagieren, um weiterhin von der Braunbärin akzeptiert zu werden. Die richtige Dosierung schaute sich Erika von mir ab. Alles in allem war Kalinka eine zärtliche Bärin. Immer häufiger versuchte sie aber sich durchzusetzen. Dann mußte man sich genauso verhalten wie sie selbst und möglichst noch bestimmter und schneller reagieren. Um mit Bären richtig umgehen zu können, muß man selbst wie ein Bär leben, denken und fühlen.

Die Braunbärin war in jeder Beziehung flinker und gewandter als es die Lippenbärinnen gewesen waren. Wenn sie mir über einen Wassergraben nachsprang, bewies sie viel mehr Sprungkraft als ihre Vorgängerinnen. Kalinka drehte in Wasserläufen Steine herum und riß Äste von Buscherlen, um sie mit dem Fang wegzuziehen. Wenn ich dazukam, sprang sie auf und ab und planschte mit ihren Tatzen im Wasser. Es machte mir viel Freude, ihr dabei zuzuschauen.

Bei einer solchen Gelegenheit kam mir auch der Gedanke, im seichten Teil des Baches einen toten Fisch auszulegen. Was würde sie tun, wenn sie ihn fände? Bei der nächsten Gelegenheit rannte sie wieder im Bach auf und ab. Als sie den Fisch bemerkte, stutzte sie kurz, drehte ihn mehrmals mit den Tatzen hin und her, so wie Katzen manchmal mit Mäusen spielen, und fraß ihn auf. Diese Experimente wiederholte ich mit Leckerbissen wie Honig und Schokolade, die ich unter großen Steinen versteckte. Kalinka nahm – auch auf größere Entfernungen – immer schon sehr bald Witterung auf, näherte sich zielstrebig den Stellen, schnupperte kurz, drehte den jeweiligen Stein um und tat sich an dem delikaten Fund gütlich. Einmal versteckte ich im Wald Honig unter einer Baumwurzel und in einem morschen Stamm. Sie spürte beide Stellen auf, holte den Honig mit den Tatzen hervor und leckte ihn davon ab. Das Phänomen des exzellenten Geruchssinns der Bären beeindruckt mich immer wieder von neuem.

Braunbären sind wohl die weltweit bekanntesten und auch verbreitetsten Vertreter der sogenannten Echten Bären. Wirklich bemerkenswert ist, daß diese Tiere von Europa ausgehend über Asien bis nach Nordamerika hin an Körpergröße immer mehr zunehmen. Demnach stellen die europäischen Braunbären die kleinsten Rassen. Rekordgröße erreicht der Kodiak in Alaska. Bei dieser Unterart erreichen ausgewachsene Männchen Gesamtlängen von etwa drei Meter und Schulterhöhen um die anderthalb Meter. Zu falschen Schlußfolgerungen kann der Name verführen. Das Fell des Braunbären ist keineswegs nur in Brauntönen gefärbt, sondern kann je nach Tier von dunkelbraun, schwarz, rotgelb, silbergrau bis isabellfarben variieren. Bei jungen Bären – und in seltenen Fällen auch bei erwachsenen Tieren – ist manchmal ein Kragen von hell gefärbtem Haar zu sehen.

Rücksichtsloser Verfolgung ist es zuzuschreiben, daß diese faszinierenden Tiere in Europa nur noch in kümmerlichen Restbeständen überlebt haben. So in Rußland, Rumänien, im Gebiet des ehemaligen Jugoslawiens, in Bulgarien, der Slowakei, Albanien, Polen, Österreich, Ungarn, Schweden, Finnland, Norwegen, Spanien, Griechenland, Italien und Frankreich. Die Vielzahl der Länder trügt teuflisch. Die Bestände sind durch fortschreitende Landnahme menschlicher Zivilisation extrem gefährdet. Die immer breitere Resonanz findenden Aktivitäten von Naturschutzverbänden und die Aufklärungsmaßnahmen in der Bevölkerung sind für die Bären überlebenswichtig. Aus diesem Grund widme ich diesem Thema ein umfangreiches eigenes Kapitel, in dem ich auch die Frage einer gezielten Wiederansiedlung von Braunbären in den Alpen diskutieren möchte.

Die intensive Bejagung des Braunbären hat nicht von ungefähr dazu geführt, daß uns dieser Bär vor allem als Jagdobjekt vertraut und bekannt ist: als gefährliches Wild, das zu töten mannhaft und ehrenhaft sei. Nur langsam dringt durch die dicke Schicht traditioneller Sichtweisen das Bild vom hochentwickelten Säugetier, das in seinen genetischen Impulsen und seinem Sozialverhalten dem Menschen ähnlicher ist, als wir es glauben wollen. Die wenigsten Menschen, die nicht selbst engen Kontakt mit Tieren pflegen, akzeptieren, daß Bären eine ausgeprägte Persönlichkeit haben, kurz: daß sie Individuen sind. Allzu oft wird der hohe Entwicklungsstand dieser Raubtiere unterschätzt. Weitere Einblicke sollen die späteren Kapitel bringen.

Im Frühjahr 1972 wurde unser Fallschirmjägerbataillon in die saarländische Kreisstadt Merzig verlegt, eine waldrei-

Bären unter sich.

che Gegend nahe der luxemburgischen und französischen Grenze. In der neuen Kaserne war nach meinen Anweisungen bereits ein massives Gehege mit Schwimmbecken erstellt worden. Organisiert hatte dies Hauptfeldwebel Ege, der bereits in Merzig stationiert war und das Material durch seine Beziehungen zu Baufirmen kostengünstig bekam. Soldaten, die aus der Baubranche kamen, zogen das Gehege hoch und machten es für Kalinka bezugsfertig.

In Merzig mußte die Braunbärin des-öfteren Repräsentationsaufgaben erfüllen. Schon beim Einmarsch unseres Bataillons in die Stadt fuhr sie mit mir im Jeep vorneweg. Im Alter von drei Jahren nahm sie auf dem Marktplatz von Saarlouis an einer großen Parade teil. Während sich die Einheiten formierten, war die Bärin völlig ruhig, so daß man hätte meinen können, Paraden seien für sie etwas Alltägliches. Natürlich lag es an ihrem blinden Vertrauen zu mir, daß sie inmitten solcher Menschenmassen die Ruhe bewahrte. So konnte ich mit ihr an der Spitze unseres Bataillons vor Tausenden von Zuschauern vorbeimarschieren. Auf der Höhe der Tribüne war Blickwendung zum Brigadekommandeur und den Ehrengästen befohlen. Nur Kalinka, die mal neben, mal hinter mir marschierte, blickte stur geradeaus. Solange ihr keines der hohen Tiere auf der Tribüne eine Dose Büchsenmilch offerierte, zeigte sie militärischen Ehrenbezeugungen die kalte Schulter.

Im Sommer und Herbst 1972 war die Bärin mit den Soldaten und mir in einem Waldlager bei Steinberg im Hochwald des Saarlandes. Zusammen mit zwei Kameraden und mir schlief sie in einem Zelt. Im Lager durfte sie frei herumlaufen und stellte allerhand Streiche an. So störte sie die Soldaten morgens beim Waschen am Bach, entwendete mit Vorliebe das Waschzeug und fraß mal ein Stück Seife. Einen Soldaten sprang sie von hinten an, so daß er vor Schreck in den Bach fiel. Einem anderen klaute sie den zusammengerollten Schlafsack und verschwand damit unter dem Gelächter aller im Wald. Nachdem ich Kalinka mit einer Dose Milch ablenkte, konnte ich ihr die Beute wieder entlocken.

Badeten wir in einem Teich, schwamm Kalinka immer mit. Zuerst wartete sie respektvoll, bis ich als der Hauptbär ins Wasser gegangen war. Aber bereits Sekundenbruchteile später platschte es gewöhnlich hinter mir, und das Wasser entwickelte durch den eintauchenden Koloß wahre Flutwellen. Bären lieben das Wasser und schwimmen leidenschaftlich gerne.

Bei Fußmärschen durch Waldstücke, die sie nicht kannte, lief sie zwar ab und zu ins Unterholz, suchte aber gleich wieder Anschluß. Anders war es im Lager. Wenn sie sich nach einigen Tagen mit der Umgebung vertraut gemacht hatte, blieb sie manchmal über eine Stunde weg. Dann wühlte sie in morschen Baumstämmen, die sie mit den Krallen auseinanderriß, und verspeiste Maden. Oft grub sie auch nach Mäusen, hob wilde Bienenstöcke aus, um den Honig und die Waben zu vertilgen oder suchte Beeren im Wald. Im Gegensatz zu den Lippenbärinnen interessierte sie sich nicht für

Ameisen.

Als wir geschlachtete Hühner rupften, schlug sie einem Soldaten ein Huhn aus der Hand und fraß es im Unterholz auf. Alle lachten. Mit den Soldaten spielte sie auf kumpelhafte Weise. Da die Bärin alle gut kannte, zeigte selten einer Angst vor ihr. Während der Nahkampfausbildung, die ich jeden Morgen abhielt, lief sie frei zwischen uns herum. Manchmal stürzte sie sich voller Spiellust auf Soldaten und warf sie zu Boden. Wenn sie zu sehr in Fahrt kam und den Ausbildungsbetrieb störte, mußte ich sie allerdings mit einer Kette an einen Baum binden. Gelegentlich machte Kalinka mit diesem oder jenem Kraftübungen. Ein Rekrut fragte mich grinsend, ob ein Ringkampf mit der Bärin höher bewertet werden würde als der Nahkampf Mann gegen Mann. »Natürlich«, flachste ich zurück, »das gehört zum Ausbildungsziel.« Keine Frage, wir waren schon ein sonderbarer Haufen.

Bereits ein Jahr später konnte ich Kalinka nicht mehr an der Nahkampfausbildung teilnehmen lassen. Sie war mittlerweile zu schwer und viel zu kräftig geworden.

Als es im Dezember 1972 eine Woche lang schneite, fragte ich den achtjährigen Andreas Kranz, den Sohn des Gastwirtes des Ellerhofes, wo meine Frau und ich wohnten, ob er mit mir und der Bärin einen Waldspaziergang machen wolle. »Klar«, sagte der Junge, der Kalinka kannte. Auch seine Eltern waren einverstanden. Wir marschierten mittags los. Anfangs sprang Kalinka wie verrückt um uns herum und patschte ständig im kniehohen Schnee. Anders als die tropischen

Auch Kalinka suchte immer wieder Körperkontakt.

Lippenbärinnen fühlte sich die Braunbärin, deren Eltern ja aus kälteren Regionen stammten, hier völlig in ihrem Element. Sie balgte mit Andreas und mir ausgelassen im Schnee, ohne dabei gegenüber dem Jungen besonders grob zu werden. Nur ab und zu warf sie ihn um. Andreas lachte, wurde aber durch die Schneelandungen allmählich naß. Nach einem Drei-Kilometer-Marsch kamen wir zu einem Hochsitz. Der Junge und ich kletterten die fünf Meter hohe Leiter hinauf, die Bärin folgte uns. Zuerst verhielt sie sich auf der Jägerkanzel ruhig, aber plötzlich begann sie zu randalieren, riß eine Seitenstange ab, dann das Sitzbrett heraus und warf es in hohem Bogen über die Kanzel. Jetzt bekam Andreas Angst, so hatte er Kalinka noch nicht erlebt. Er fürchtete, sie würde ihn selbst herunterwerfen. Die Gefahr bestand tatsächlich, denn bei einem unbeabsichtigten Stoß der Bärin hätte er leicht durch den Leitereinstieg von der Kanzel stürzen können. Wir beide wurden von ihr ohnehin schon gegen das Außengeländer gedrückt, wo sie auch noch die Fichtenleiste abriß. In einer solchen Phase gegen die Bärin einzuschreiten, wäre das Dümmste gewesen, was ich hätte tun können. Wenn das Temperament mit ihnen durchgeht, muß man sie sich austoben lassen. So sagte ich rasch zu Andreas: »Komm, wir steigen ab, laß sie machen, was sie will!« Als wir unten waren, drückte Kalinka hüpfend mit einer Pranke gegen eine Seitenstange, bis sie durchbrach. Um ein Haar wäre die Bärin herabgestürzt. Merkwürdig, die Lippenbärinnen hatten sich auf dem Hochsitz völlig anders verhalten, ruhig und besonnen. Andreas lachte wieder, es machte ihm Spaß zuzuschauen, wie Kalinka den Hochsitz demolierte. Mich freute es weniger, zumal ich den Schaden am nächsten Tag reparieren mußte.

Mittlerweile war es schon langsam dunkel geworden, doch Kalinka wollte noch immer nicht herunterkommen. Da sagte ich zu Andreas: »Komm, wir gehen vom Hochsitz weg und tun so, als ließen wir die Bärin alleine.« Als Kalinka beobachtete, daß wir uns entfernten, brummte und schrie sie. Bären können ganz ähnlich wie wütende Kinder schreien. Erst versuchte sie, die Leiter vorwärts herunterzusteigen. Als es nicht ging, drehte sie sich um, kam aber in ihrer Aufregung mit den Hinterkeulen nicht mit den Leitersprossen klar. So rutschte sie außen an einer Hochsitzstange herunter. Da ihre Krallen keinen Halt fanden, fiel sie schließlich aus drei Meter Höhe in den Schnee. Meine Befürchtung, sie könnte sich beim Sturz verletzt haben, erwies sich als unbegründet. Nach einer Schrecksekunde stand Kalinka auf, kam auf uns zu gelaufen und nuckelte zufrieden an meinem Arm.

Junge Bären können in solchen Situationen wie Kinder reagieren, wenn sie alleine gelassen werden. Stark und kräftig wie Kalinka zu diesem Zeitpunkt bereits war, wäre sie in der freien Natur von ihrer Mutter schon längst abgeschlagen und der Selbständigkeit überlassen worden. Von mir fühlte sie sich allerdings noch abhängig.

Auf dem Rückweg machte ich mir Gedanken über das Malheur. Ich beschloß, mit Kalinka nie mehr auf einen Hochsitz zu klettern. Auch schien es mir angesichts ihrer enormen Stärke zu riskant, auf Wanderungen mit der Braunbärin Kinder mitzunehmen.

Nach diesem Vorfall war ich mit Kalinka nach dem täglichen Dienstschluß alleine unterwegs. Oft wanderten wir bis tief in die Nacht durch Wald und Flur. Am Wochenende blieben wir bis zum frühen Morgen draußen und schliefen, wenn es heiß und trocken war, auf Fichtenreisig. Auf diese Weise zog ich die Konsequenz aus dem Vorfall mit Alfred und akzeptierte, daß kein Bär mit gesundem Verstand bei brütender Mittagshitze offenes Gelände durchzieht.

Waren wir ein ganzes Wochenende unterwegs, brachte uns Erika Verpflegung an einen vereinbarten Platz. Sie blieb dann einige Stunden bei uns, bis die Bärin und ich weiterzogen.

Während der langen, einsamen Wanderungen mit Kalinka befiel mich oft Fernweh: die Sehnsucht, mit ihr weitab der Zivilisation in ihrer russischen Urheimat zu leben. So, wie einmal ein mir bekannter und inzwischen verstorbener Indianer in Kanada mit einer Bärin in der Wildnis zusammengelebt hatte.

Bär und Wolf – Spürnasen, die sich nicht riechen können

Als Kalinka anderthalb Jahre alt war, erwarb ich meinen ersten Jungwolf, einen abgemagerten Wildfang aus Jugoslawien. Dort hatte ein Förster vier Wolfswelpen aus einer Höhle geholt, sie drei Monate lang aufgezogen und dann an einen Tierhändler nach Deutschlang verkauft. Damals wußte ich noch relativ wenig über Wölfe, sonst hätte ich alle vier Jungwölfe gekauft, um ihnen ein Leben im Rudel zu ermöglichen.

Unseren Wolf, den Erika und ich aufzogen, nannten wir Ivan. Bald hatten wir einen guten Kontakt zu ihm. Er gewöhnte sich an die Leine, und wenn wir alleine waren, ließen wir ihn in einem großen umzäunten Gelände frei laufen, wo er mit uns spielte. Den Wolf im Gelände von der Leine zu lassen, war mir zu riskant.

Mir wurde schnell klar, daß ich mit dem Erwerb des Wolfes eine Fehlentscheidung getroffen hatte. Das Tier beanspruchte mehr Zeit, als meine Frau und ich für sorgsame Pflege aufbringen konnten – damals jedenfalls. Meine Frau hatte mich ja gewarnt und mir Dickschädel vorgeworfen, ich würde mir mit dem Wolf zu viel aufladen. Es sollte noch viel problematischer werden, als selbst sie es sich ausgemalt hatte. Denn immer, wenn wir von Kalinka kamen und der Wolf die Bärenwitterung aufnahm, wich er uns aus. Umgekehrt war es genauso. Wenn Kalinka an uns Wolfsgeruch wahrnahm, richtete sie sich gleich in Abwehrhaltung auf. Bären und Wölfe können sich buchstäblich nicht riechen. In freier Natur sind sie nicht nur Nahrungskonkurrenten, sondern gehen sich auch aus dem Weg. So versetzt es sie in Alarm, wenn an Haut und Kleidung eines Menschen der Geruch des feindlichen Tieres haftet, mit dem man vorher zusammen war.

Darum blieben Erika und mir nichts anderes übrig, als uns zu duschen und andere Kleidung anzuziehen, wenn wir von Kalinka zu Ivan gingen oder umgekehrt. So hielten wir extra Bären- und Wolfskleidung parat. Auch die Schuhe mußten wir jedesmal wechseln. Ich war froh, daß meine Frau das alles den Tieren zuliebe mitmachte. Unter Anwendung dieses Tricks normalisierte sich unsere Beziehung zu Kalinka, und Ivan wurde wieder anhänglicher. Beide waren uns mit immer mehr Mißtrauen begegnet.

Manchmal ging Erika alleine mit dem Wolf ins Gelände und ich mit der Bärin. Jedes der Tiere hatte sein eigenes Revier, keiner durfte des Geruches wegen das des anderen betreten.

Da sich Ivans Gehege ebenfalls in der Kaserne befand, freundete er sich allmählich mit den Soldaten an. Wenn Erika oder ich ihn führten, begrüßte er sie unterwegs, indem er an der Leine zu ziehen begann und sie freudig ansprang. Zivilpersonen wich er dagegen aus. Offenbar erkannte auch er sein »Rudel« an der Uniform.

Als Ivan zwei Jahre alt war, wurde im Kaiserslauterner Forst ein Freigehege für europäische Wölfe gebaut. Nach einem Gespräch mit dem zuständigen Forstrat kamen wir überein, Ivan dort mit einer Wölfin ein Rudel begründen zu lassen. Wölfe sind Rudeltiere und sollten nicht einzeln gehalten werden. Außerdem bestand so für ihn die Möglichkeit, selbst ein Rudel zu gründen.

Wenn Erika und ich ihn in seinem neuen Revier besuchten, begrüßte er uns schon von weitem freudig mit wedelnder Lunte. Natürlich gingen wir zu Ivan ins Gehege. War das jedesmal eine Wiedersehensfreude! Seine Wolfsgefährtin, der wir fremd waren, hielt Abstand zu uns.

Eine Überraschung erlebten wir, als Ivan im Alter von drei Jahren Vater ge-worden war. Er sprang zur Begrüßung an uns hoch, wedelte mit der Lunte und lief weg. Dann brachte er aus dem Gebüsch im Fang einen Welpen, setzte sich mit ihm direkt vor uns hin und ließ sich von uns kraulen. Nachdem er noch mehrmals mit wedelnder Lunte und dem Welpen im Fang um uns herumgelaufen war, trug er sein Junges wieder ins Gebüsch. Mit einer solchen, menschlich anmutenden Handlungsweise, die uns tief rührte, hätten wir nie gerechnet. Genauso verblüfft waren andere Zeugen der Szene: der dortige Wolfspfleger, der Forstrat und einige Besucher.

Als ich das Freigehege zwei Jahre später mit dem bekannten schwedischen Wolfsforscher Dr. Erik Zimen und Forstrat Himmer besuchte, staunten beide über meine enge Beziehung zu Ivan und machten Fotos von der Begrüßungsphase. Später sollte ich mich dann selbst intensiv der Wolfsforschung widmen.

»Hoppla, jetzt komme ich« – Kalinka wird erwachsen

Solange Kalinka noch ein Bärenkind war, folgte sie Erika genauso wie mir. Das änderte sich in ihrem zweiten Lebensjahr. Jetzt ließ sie sich nur noch von mir anbinden. Erika war nicht robust genug, um sich ihr gegenüber durchzusetzen, und diese Schwäche nutzte die

Bärin natürlich aus. Wenn aber ihr Halsband erst einmal befestigt war, ließ sie sich ohne weiteres von Erika im Gelände führen. Auf dem Übungsplatz, wo selten Zivilisten auftauchten, durfte Kalinka aber im Wald und auf den Wiesen frei laufen und sich bis zur Erschöpfung austoben. Auf dem Rückweg leinten wir sie vorsichtshalber an. Sie war zwar keine Gefahr für andere, aber das plötzliche Erscheinen eines Bären versetzt die meisten Menschen in Angst und Schrecken. Eine Anzeige hätte vermutlich genügt, die Bärin um ihren Auslauf zu bringen. Zum Glück ist es in all den Jahren, in denen ich Bären hielt, nie zu einem ernsthaften Zwischenfall mit Zivilisten gekommen. Außerdem zeigte die Bevölkerung viel Verständnis für das Maskottchen und den Bärenmenschen.

Im Herbst 1973 begleitete mich Kalinka wieder einmal zur Rangerausbildung in verschiedene Waldlager. Zur Nahkampfausbildung war sie allerdings nicht zugelassen, da wir keinen Soldaten hatten, der gegen sie in der Hyperschwergewichts-Klasse hätte kämpfen können.

In der ersten Woche des Waldlagers ernährten wir uns von dem, was die Natur hergab sowie geliefertem Wild und Geflügel. Sich anderweitig Verpflegung zu besorgen, war verboten. Jeder Trupp mußte sein Essen selbst zubereiten, und zwar nach Methoden, die ich inzwischen auf Expeditionen zu Naturvölkern in Südamerika, Afrika und Asien gelernt hatte. Beispielsweise hatte ich den Papuas in Neuguinea abgeschaut, wie man ohne Wasser »kocht«. Dabei erhitzt man in Holzglut Steine, legt Laubzweige und

Gras darauf und darüber Fleisch, Kartoffeln und Gemüse. Weitere Schichten von Grünzeug und heißen Steinen decken das Ganze ab, darüber kommt Erde. Nach zwei Stunden ist das Gargut im Erdofen fertig.

Als wir eines Abends am Lagerfeuer plauderten, wühlte Kalinka in der Nähe einer Buschhütte aus Ästen und Fichtenreisig wie verrückt in der Erde. Plötzlich lachten alle. Da sah ich die Bescherung. Aus der Grube förderte sie mehrere Fleischdosen und zwei verpackte Fleischwurstringe, die sie nach Entfernung der Hülle gleich genüßlich vertilgte. Vier in der Buschhütte kampierende Soldaten hatten trotz des bestehenden Verbotes heimlich ein unterirdisches Verpflegungsdepot angelegt. Durch die gute Nase der Bärin wurden sie überführt. Mich erheiterte die Sache zwar auch, aber zur Strafe mußte ich den Ertappten eine Sonderwache aufbrummen.

Einmal beschäftigte sich Kalinka unbeaufsichtigt an dem zu unserem Lager führenden Weg mit dem Aufreißen morscher Baumstämme – eines ihrer besonderen Hobbys. Da hörten wir plötzlich eine Frau mehrmals durchdringend kreischen: »Hilfe, ein Bär!« Sofort rannte ich hin und stieß auf dem Waldweg auf ein verängstigtes älteres Ehepaar. Vor ihnen stand Kalinka auf den Hinterbranken. Ich rief ihnen zu, sie bräuchten keine Angst zu haben und band die Bärin an die Leine, die ich immer bei mir trug. Die beiden waren aus Hamburg und logierten im nahegelegenen Kurheim von Weiskirchen. Als sie sahen, daß die Bärin zu uns gehörte, beruhigten sie sich.

Kalinka hatte öfters
auch Repräsentations-
aufgaben zu erfüllen.
Jedoch auf militärische
Blickwendungen stellte
sie sich nicht ein.

Um die anderen Soldaten nicht zu gefährden, mußten die Bären auf dem Kasernengelände einen Maulkorb tragen.

Der Mann meinte verlegen lachend: »Wer hätte gedacht, daß es bei Euch im Saarland noch Bären gibt.« Auf meine Einladung hin besichtigten die beiden Kurgäste dann unser Waldlager. Kalinka band ich unterdessen an einen Baum, da der Dame die ganze Angelegenheit noch immer nicht geheuer war.

Wenn Ortsansässige in unser Lager kamen, gab es keine Probleme. Sie wußten ja über unsere Bärin Bescheid. Dagegen meinte mancher aus dem zwei Kilometer entfernten Ort Steinberg: »Wenn Ihr mit dem Bär im Wald seid, gehe ich dort nicht hin.« Solange solche Abneigung nicht in offene Feindschaft umschlug, war mir das sogar recht.

Anders als meine Lippenbärinnen, die in Waldlagern gegenüber jedem Nicht-Uniformierten Verteidigungshaltung einnahmen, ließ Kalinka auch Träger ziviler Kleidung in unsere Nähe.

Im Winter 1973/74 wollte ich mit Kalinka ein Wochenende im Freien verbringen und mit ihr in einem Schnee-Iglu übernachten. Den Bau des Iglus mußte ich bald aufgeben, denn als ich die ersten Schneeblöcke geformt hatte, zermatschte Kalinka sie mit raschen Prankenhieben. Das hätte ich mir eigentlich vorher denken können; Bären meinen nun mal, daß alles, was ihnen nicht gerade Angst einjagt, nur dazu da ist, sie entweder zu ernähren oder zu unterhalten, und nicht nur einmal keimte in mir der Verdacht, daß meine bärigen Freunde in mir sowieso ihren persönlichen Animateur sahen. Also brachte ich Kalinka am Samstagnachmittag wieder in ihr Gehege und baute hinterher das Iglu mit zwei Kameraden. Abends holte ich die Bärin wieder und marschierte mit ihr stundenlang durch hohen Schnee zu unserem eisigen Rundbau. Drinnen legte ich mich auf das ausgelegte Fichtenreisig. Kalinka folgte mir hinein, nuckelte zufrieden an meinem Arm und schlief neben mir ein.

Die Verpflegung befand sich in meinem Rucksack, den ich vorher, von Reisig umhüllt, im Schnee eingegraben hatte, damit kein Frost herankam. Wir hatten ohnehin minus zehn Grad Celsius. Als ich am nächsten Morgen Hunger verspürte, passierte etwas Erstaunliches. Kalinka, offenbar vom gleichen Bärenhunger getrieben, lief auf unserer Spur 30 Meter zurück und buddelte in Windeseile den Rucksack aus. Verblüfft fragte ich mich, ob sie mich zum Kaffee einladen wollte. Sie zerrte an dem Rucksack wie verrückt, hielt ihn mit der Tatze fest und riß ihn wenig später mit ihren Krallen und den langen Eckzähnen auf. Sofort fiel sie über den guten Streuselkuchen her. Zu meinem Schrecken zerdrückte sie auch noch die kaffeegefüllte Thermoskanne, schnitt sich aber glücklicherweise nicht an den Splittern. Ich bewahrte die Ruhe und ließ sie gewähren. In solchen Situationen muß man eben wie ein Bär denken und fühlen und auch akzeptieren, daß Bären ihr Mahl nicht mit anderen teilen. Unser Frühstück genoß Kalinka alleine. Währenddessen erinnerte ich mich an das Verhalten vieler Zweibeiner anläßlich eines Kalten Büffets und war mit Kalinka sofort wieder versöhnt.

Trotz knurrenden Magens konnte ich mich über Kalinkas gierigen Verzehr unseres Frühstücks amüsieren. Übrig blieb nur ein zerfetzter Rucksack. Danach sammelte ich die im Schnee verstreuten Essensreste auf – wie ein Bettler. Gesättigt balgte sich dann Kalinka mit mir im Schnee und riß in ihrem Ungestüm zuletzt den Iglu ein.

So wie mit ihr tollte ich an manchen Wintertagen mit all meinen Bären herum. Die tropischen Lippenbärinnen fraßen in dieser Jahreszeit etwas mehr als sonst. Die Braunbärin hingegen hatte schon im Herbst einen Bärenhunger entwickelt und sich Fettreserven angefressen. In ihrer russischen Heimat hätte sie wohl einen richtigen Winterschlaf gehalten, hier im Saarland jedoch schlief sie nur bei strengem Frost durch. Das dauerte meist sieben bis vierzehn Tage. Nach solchen Perioden begleitete mich Kalinka wieder in Wald und Flur.

Heute weiß man, daß sich bei Bären der Winterschlaf erst bei Futtermangel und Temperaturen unter dem Gefrierpunkt einstellt. Werden sie hingegen vom Menschen auch in den Wintermonaten regelmäßig versorgt, so bleiben sie – von begrenzten Müdigkeitsphasen abgesehen – winteraktiv.

In freier Natur werden Jungbären bis zum zweiten Lebensjahr von der Mutter geführt, dann abgeschlagen und selbständig. Im dritten Lebensjahr sind Bären gewöhnlich geschlechtsreif, so auch Kalinka. Während der Paarungszeit zwischen Ende Mai und Anfang Juni 1974 wurde Kalinka im Gegensatz zu den Lippenbärinnen Alfred und Charly ausgesprochen störrisch. Statt der gewohnten Anhänglichkeit zeigte sie mir gegenüber

Ablehnung. Sie suchte im Wald einen Partner, den es nicht gab, und rannte nachts aufgeregt darin hin und her. Es dauerte manchmal Stunden, bis sie sich entschloß, mit mir zurückzumarschieren.

Nach einem Abendspaziergang mühten Erika und ich uns einmal bis Mitternacht damit ab, die Bärin ins Gehege zu bringen. Jedesmal, wenn ich sie anleinen wollte, lief sie weg. Auch das Locken mit der Milchdose nützte nichts. Im Dunkeln hörten wir an dem Gepolter und Ästeknacken im Wald, daß sie sehr unzufrieden war. Ich sagte zu Erika: »Komm, machen wir uns zu ihrem Gehege auf. Sie wird uns schon folgen.« Das tat sie auch. Ich unternahm erst gar nicht mehr den Versuch, sie anzubinden. Vor dem Gehege lief sie an uns vorbei und schlüpfte von selbst hinein. Mir war nun klar geworden, daß sie während der Bärzeit im Gehege bleiben mußte. Danach konnte ich mit ihr wieder normal ins Gelände.

Ein Jahr später war Kalinka schon eine ausgewachsene, vierjährige und vier bis fünf Zentner schwere Bärendame. Sie benahm sich nun oft sehr grob und versuchte nicht selten, sich mir gegenüber durchzusetzen. Das geschah unvermittelt aus völliger Ruhe heraus. Dann mußte ich genauso grob reagieren, damit sie mich weiterhin als dominanten Bären akzeptierte. Abschlagen, wie es eine echte Bärenmutter getan hätte, und sie damit, wie die Natur es für dieses Alter eigentlich vorgesehen hat, auf eigene, selbständige Pranken zu stellen, konnte ich sie ja nicht. Es gab für sie keine Möglichkeit, frei zu leben. Mir dieser Problematik nur zu gut bewußt, war ich bestrebt, ihr im Rahmen des Möglichen größte Freiräume zu lassen.

Im August 1974 bauten wir im Rahmen einer Wasserausbildung ein Floß aus Fichtenstangen und Teerfässern und ruderten, mit sechs Mann und der schwergewichtigen Bärin darauf, zu einem 300 Meter entfernten Seeufer. Anfangs klappte auch alles. Bis Kalinka plötzlich wild herumsprang und das Floß bedenklich zum Schwanken brachte, was ihr offensichtlich viel Freude bereitete. Mitten auf dem See trieb sie es schließlich so wild, daß von uns einer nach dem anderen ins Wasser rutschte. Als ich über Bord ging, schwamm mir Kalinka nach, hielt sich mit einer Pranke an meiner Kleidung fest und drückte mich mit der anderen unter Wasser. Wäre ich nicht durchtrainiert gewesen, hätte sie mich bei diesem Spiel leicht ertränken können. Zum Glück gelangte ich unversehrt ans Ufer, und meine Kameraden, die das Bad mit Humor nahmen, schwangen sich wieder auf das Floß.

Fuhren wir im offenen Jeep ins Gelände, nahm Kalinka fast beide Hintersitze ein, so daß ich mich neben ihr auf der Kante dünn machen mußte. Im regulären Straßenverkehr mußte ich besonders aufpassen, damit sie nicht den Fahrer von hinten aus dem Fahrzeug schob. Das hätte leicht zu einem Unfall führen können. Andere Autofahrer erschraken ohnehin schon beim Anblick des riesigen Tieres.

Eines Abends im April 1975, während Erika und ich wieder einmal mit Kalinka einen langen Waldspaziergang unternahmen, nutzte die Bärin die Gelegenheit, frei im Unterholz herumzustöbern. Auf dem Rückweg hörten wir mit einem Mal keinen Laut mehr von ihr. Wir warteten und riefen – vergebens. Gemeinsam suchten wir die zurückgelegte Strecke ab. Als ich nach einer Viertelstunde auf einer Wiese am Rande einer Fichtenschonung verdächtige Geräusche hörte, knipste ich die Taschenlampe an und sah das Malheur. Die Braunbärin stand mit zwei Tatzen auf einem toten Schaf und riß ihm mit dem Fang die Wolle aus. Als ich näher kam, stellte sich Kalinka bedrohlich brummend und fauchend auf die Hinterbeine. Dieses eindeutige Signal mußte ich akzeptieren. Bei einer Konfrontation hätte ich gegen den Koloß sicher den kürzeren gezogen. Also schlich ich zu Erika zurück und erzählte ihr, was vorgefallen war. Da Kalinka von uns bestens verpflegt wurde, auch mit gekochtem Fleisch, konnte Hunger nicht der Grund für die Erbeutung des Schafes sein. War es kurz zuvor verendet? Hatte die Bärin es gerissen? Wir warteten eine halbe Stunde und gingen dann langsam zurück. Nach 400 Metern kam sie, den Fang und die Pranken blutverschmiert, hinter uns hergepoltert. Wir taten, als sei nichts geschehen und redeten in gewohnter Weise auf sie ein. Da lief sie völlig gelassen mit uns zurück. Das ist typisch für Bären. Sie können im Nu von einem Moment auf den anderen in ihrer Stimmung wechseln. Wer solche Stimmungsumschwünge nicht wahrnimmt und sich nicht entsprechend verhält, läuft Gefahr, völlig überraschend angegriffen zu werden.

Nachdem wir Kalinka ins Gehege ge-

bracht hatten, fuhr ich mit dem Wagen zurück und untersuchte das Schaf. Es war am Bauch aufgerissen und noch warm. Kalinka hatte nur einen Teil der Leber und des Magens gefressen, ein Zeichen, daß sie sich wirklich nicht aus Hunger an dem Tier zu schaffen gemacht hatte. Obwohl ich keine Bißwunden entdeckte, war ich überzeugt, daß sie das Schaf getötet hatte. Am nächsten Morgen besuchte ich gleich den Schafhalter Willy Denzel, der die Weide für seine große Schafherde gepachtet hatte. Mein Glück war, daß ich ihn schon lange kannte. Als ich ihm von dem Malheur erzählte und ihm anbot, den Schaden zu bezahlen, grinste er mich verschmitzt an und bestätigte meine Vermutung. Es handelte sich um ein altes, krankes Tier, das sich am Tag zuvor in der Abenddämmerung auf die Waldwiese zurückgezogen hatte. »Du weißt doch, wenn ein Schaf alleine zurückbleibt, ist es entweder krank oder verletzt«, meinte er. Weil die Nacht hereinbrach, wollte Willy das Schaf erst am nächsten Morgen holen und an seine Hütehunde verfüttern. Er bot mir sogar an, mir die Hälfte für meine Bärin mitzugeben. Doch das kam nicht in Frage. Im Spaß sagte ich: »Willst Du etwa, daß die Bärin ganz auf den Geschmack von Schaffleisch kommt und Deine Herde auch mal des nachts heimsucht?« Nach diesem Vorfall machte ich auf Wanderungen mit Kalinka einen großen Bogen um die Schafweiden.

Manöverkritik.

Mit Kalinka verstand ich mich auch im Spätsommer 1975, sie war mittlerweile viereinhalb Jahre alt, ausgezeichnet. Fremden gegenüber zeigte sie jedoch zusehends mehr Ablehnung. Auch zu Erika wurde sie grober, aber nicht aggressiv. Wenn ich sie an der Leine führte, wollte sie manchmal auf vorbeikommende Leute einschlagen. So ging ich drei Monate lang mit der Bärin alleine in den Wald – stets besorgt, uns könne jemand begegnen.

Früher interessierte es Kalinka wenig, wenn Fremde in unsere Nähe kamen, dann hatte sie sich nur brummend aufgerichtet und war zu uns gelaufen, um Schutz zu finden. Jetzt aber wich sie keinem mehr aus, sondern stellte sich fauchend auf die Hinterpranken und verteidigte einen Mindestabstand zwischen sich und dem Störenfried. Ihre Drohgebärden galten immer häufiger nicht nur mehr Zivilisten, sondern auch den ihr vertrauten Soldaten. Das machte mich mißtrauisch. Dann versetzte sie im Oktober 1975 meinem Fahrer, der gerade zu uns in den Jeep einsteigen wollte, einen derart wuchtigen Prankenhieb, daß er in weitem Bogen auf die Wiese flog. Zum Glück hatte er nur blaue Flecken abbekommen. Mich aber alarmierte das neue Verhalten der Bärin.

Die Schlagkraft eines Bären hängt von seinem Gewicht und damit auch von seinem Alter ab. Im Yellowstone-Nationalpark (USA) hat man beobachtet, wie ein Grizzly einen großen starken Schwarzbären mit einem einzigen Prankenschlag tötete. Der Hieb war so gewaltig, daß der Schwarzbär gegen einen fünf Meter entfernten Baumstamm geschleudert wurde. Braunbärinnen werden nicht so stark wie ihre männlichen Artgenossen. Obwohl Kalinkas Vater ein Grizzly war, glich sie mehr ihrer Mutter. Mittlerweile aber fünf Zentner schwer, verfügte schon sie über enorme Kraft. Die setzte sie allerdings mit unterschiedlicher Intensität ein. Ihr Stoß, auch Abschlagen genannt, ließ sich mit einer menschlichen Ohrfeige vergleichen, und ein äußerst aggressiver Prankenhieb, das heißt Beuteschlag, hätte auch einen Menschen töten können. Aufgrund von Berichten anderer, mir bekannter Bärenexperten konnte ich Vergleiche ziehen.

Mein Freund Franz Brumbach, Chef des kleinen Wanderzirkus, besaß – wie erwähnt – bis in ihr hohes Alter eine auf Ringkämpfe abgerichtete Bärin. Da sie aber wenig Auslauf hatte und ihre natürlichen Triebe und Instinkte durch die Dressur nicht voll zur Entfaltung gekommen waren, blieb sie in ihrer Entwicklung hinter Kalinka zurück. Probleme wie ich sie mit Kalinka hatte, kannte er nicht.

Im Berliner Zoo hatte der alte Bärenpfleger Gerhard Schönke sechs große Braunbären in der Freianlage betreut. Er war ein Naturbursche aus Ostpreußen, ein vorzüglicher Bärenkenner, von dem ich sehr viel gelernt habe. Er gestand mir, daß er in Konfliktfällen manchmal mit dem Knüppel zwischen die Bären gehen mußte, um ihnen seine Dominanz zu beweisen. Genau wie ich war er im Lauf der Jahre zum Bärenmenschen geworden und versuchte nie, die Bären zu zähmen. 1965 war er pensioniert worden.

Bis heute bin ich keinem vergleichbaren Bärenspezialisten mehr begegnet. So einen wie ihn wird es in Deutschland wohl nicht noch einmal geben, denn nach den 1983 erlassenen Bestimmungen über die Haltung von Wildtieren ist das Betreten von Raubtiergehegen – solange sich die Tiere im gleichen Areal befinden – in Zoologischen Gärten in Deutschland grundsätzlich verboten.

Auch Peter Stanik und seine Frau Tatjana, erfahrene Braunbärendompteure des Staatszirkus der ehemaligen DDR, die trotz ihrer Dressurabsichten viel Einfühlungsvermögen für die Tiere zeigen, meinten übereinstimmend, daß es mit Braunbären im Alter von vier bis fünf Jahren kritisch würde und ihr Halter genau auf sie aufpassen müsse. Danach benähmen sie sich wieder normal. Die beiden bezogen sich freilich auf ihre Erfahrungen mit dressierten Braunbären und nicht auf ungezähmte, wie Kalinka es war.

Das alles waren letztendlich keine Hilfen für mich. Da Kalinka nur noch mir gehorchte und den Soldaten gegenüber aggressiv wurde, schien mir die Trennung von ihr unausweichlich zu sein. Den Ausschlag für meinen Entschluß gab mir mein Freund Roland Schneider, aus dessen Landauer Tiergarten ich die Braunbärin 1971 geholt hatte. Schon damals hatte er mich gebeten: »Werner, wenn Du die Bärin abgeben mußt, dann bring sie wieder zu mir.« Obwohl Roland inzwischen Leiter des Tiergartens in Kaiserslautern geworden war, stand er auf meine Nachfrage hin zu seinem Wort. Mehr noch, er redete gar auf mich ein: »Was nützt es, wenn Du zwar mit der Bärin klarkommst, sie für andere aber zum Sicherheitsrisiko wird.« Schweren Herzens willigte ich ein.

Die Trennung machte mich fast krank. Nachdem ich beinahe fünf Jahre mit Kalinka zusammengelebt hatte, übersiedelte sie im Dezember 1975 in den Tiergarten nach Kaiserslautern.

Dort besuchte ich sie bis zu ihrem Tod 1990 wann immer ich Zeit hatte. Sowie sie meine Stimme hörte, kam sie freudig angerannt, leckte mich am Mund, ließ sich von mir kraulen und fraß wie früher meine Zigarrenstummel. Tunlichst mußte ich jedoch vermeiden, Kleidung zu tragen, die ich in den Wolfsgehegen verwendete. Vor jeder Fahrt nach Kaiserslautern duschte ich mich deshalb und zog mich frisch an.

Kodiakbär Johnny – die große Herausforderung

Nicht lange nach der Trennung von Kalinka besorgte ich unserem Bataillon einen neuen Bären – und was für einen! Im Kreis Merzig unterhielt der Gastwirt Johann Müllenbach in der Nähe des Ortes Düppenweiler einen kleinen Privatzoo, den man am Wochenende gegen Eintrittsgeld besuchen konnte. Johann Müllenbach war ein bärenstarker Hüne, den die Einheimischen »wilder Johann« nannten. Nächtliche Massenschlägereien in seinem Lokal befriedete er auf schlagkräftige Weise immer selbst, ohne auf die Polizei angewiesen zu sein. Von meiner Expedition nach Neuguinea schickte ich ihm einmal in Ermangelung seiner Adresse eine Postkarte mit der Anschrift »Wilder Johann, Kreis Merzig-Wadern, Bundesrepublik Deutschland«. Sie kam tatsächlich drei Wochen später an, so bekannt war er in der Region.

Am meisten erstaunte mich, daß Johann in seiner Bärenfreianlage aus Beton ein Pärchen riesiger Kodiakbären hielt. Diese aus Alaska stammende Art ist das größte Landraubtier der Erde. Ich hatte bis dahin nur ein einziges Mal die Gelegenheit, Kodiakbären beobachten zu können, und zwar zwei Wochen lang im Hamburger Tierpark Hagenbeck, in den ich als neunzehnjähriger Tierpfleger von der Stuttgarter Wilhelma zu einem Lehrgang beordert worden war. Schon damals faszinierten mich die ungeheure Größe und Stärke dieser seltenen Tiere.

Auf meine Frage, warum er sich ausgerechnet Kodiakbären halte, erwiderte Johann trocken: »Es muß hier ja auch Wesen geben, die stärker sind als ich.« Eines Abends im Januar 1976 eröffnete er mir: »Meine Bärin bekommt Junge. Wenn Du willst, schenke ich Dir eines.« Erika blickte mich gleich schief an und stöhnte: »Um Gottes Willen, wie sollen wir mit einem solchen Riesen zurechtkommen?!« Johann meinte: »Der Werner schafft das schon. Ich habe zwar Kräfte wie ein Bär, aber richtig mit ihnen umgehen, kann nur er.« An seinem Vorschlag fand ich Gefallen. Das Risiko schien mir kalkulierbar. Ich vertraute auf meine gewonnenen Erfahrungen. Diese unerwartete Möglichkeit, mit einem Kodiak auf Dauer zusammenzuleben, erschien mir als die größte Herausforderung, der sich ein »Bärenmensch« stellen kann. Ich überlegte: Aufgrund der wichtigen Prägungszeit war es am besten, die Aufzucht des Jungbären 70 Tage nach der Geburt zu übernehmen – und so wurde es mit Johann Müllenbach abgemacht.

Am 20. März, dem verabredeten Zeitpunkt, rief uns Johann an und informierte uns, daß nur ein Bärenjunges geboren worden sei: ein Männchen. Wenn mir das zu riskant sei, würde er es selbst aufziehen. Zwei Stunden später saß ich mit meiner Frau im Auto. Unterwegs brachte sie allerlei Einwände vor, verwies vor allem auf den Riesenwuchs des Kodiakvaters. Da die Mutter aber kleiner als unsere ausgewachsene Braunbärin Kalinka war, entgegnete ich, es sei unwahrscheinlich, daß der Junge zu einem Monstrum heranwachsen werde.

In Düppenweiler fanden wir das kleinste Bärenbaby vor, das wir je gesehen hatten: Es war nicht größer als eine Katze. Als Erika den Kleinen auf den Arm nahm, schmolz ihr Widerstand dahin. Bei mir war es Liebe auf den ersten Blick und sonnenklar: »Den nehmen wir!«

Wieder zu Hause auf dem Merziger Ellerhof, gaben wir unserem Pflegling gleich eine Flasche mit Kuhmilch und Haferbrei. Das Bärchen saugte daran erst vorsichtig, dann trank es die delikate Mischung ohne abzusetzen aus. Wir spielten noch etwas mit ihm, massierten sein Bäuchlein, füllten eine Wärmflasche

Nach vier Wochen war Johnny auf dem Merziger Ellerhof zu einem starken Bärchen herangewachsen.

mit heißem Wasser und wickelten sie in eine Decke, damit sich der Bär daran nicht verbrenne. So legten wir den müde gewordenen Kleinen in eine Kiste in unser Schlafzimmer und legten uns selbst hin. Ich stellte den Wecker, um ihn nach drei Stunden wieder zu füttern. Doch schon nach einer Stunde fing er wie ein kleines Kind zu schreien an. Hunger konnte er nicht haben. Also suchte er Anschluß an seine Mutter, und das war von nun an ich. So nahm ich das Bärchen in eine wasserdichte Decke gewickelt in mein Bett. Es nuckelte zufrieden an meinem Hals und schlief dann neben mir ein. Nach drei Stunden wurde es wach, spielte an mir herum und suchte bald nach Zitzen, um seinen Hunger zu stillen. Ich gab ihm sein Fläschchen. Zufrieden nuckelte es an meinem Hals, bevor es abermals einschlief.

Tagsüber nahm ich den Bären in einer Kiste mit zum Dienst und versorgte es in einem geheizten Kellerraum. Von Tag zu Tag trank es mehr Milch, so daß ich schon nach einer Woche eine größere Flasche besorgen mußte. Bald war ich froh, daß es länger schlief und mich nur noch alle vier Stunden weckte und nach der Flasche schrie. Er wurde immer lebendiger und begann jetzt auch, meine Frau in seine nächtlichen Aktivitäten einzubeziehen. In unserem Schlafzimmer ging es zu wie in einer Bärenhöhle. Als die Kiste zu klein wurde, richtete ich ihm im beleuchteten Kellerraum eine Strohecke ein. Oft verzichtete ich auf das mittägliche Kantinenessen, um – nur mit einem Stück Brot versorgt – mit dem Kleinen zu spielen, ihn so an mich zu

binden und ihm – so gut es ging – wenigstens einen Teil der Aufmerksamkeit zu geben, die ihm bei seiner Bärenmutter sicher gewesen wäre. Anfangs nahm ich ihn gleich nach Dienstschluß mit in unsere Wohnung. Als er begann, sich hingebungsvoll mit unseren Federkissen zu beschäftigten, herausfand, daß Blumentöpfe auf unterhaltsame Weise atomisierbar sind und nachts unser Bett mit wahren Sturzbächen wässerte, wurde es meiner Frau zuviel: Wir wurden beide in den Keller verbannt, wo ich mit dem Bären spielte, ihn fütterte und mit ihm auf zwei strohbedeckten Holzpaletten schlief.

Da er innerhalb der ersten drei Wochen enorm gewachsen war, meinte ich einmal flapsig zu Erika: »Das ist ein richtiger Johnny geworden.« Sie bemerkte darauf: »So wie der sich benimmt, ist das auch ein Johnny.« Unser Kodiakbär hatte damit seinen Namen weg.

Er bekam ein Halsband an und durfte nach Dienstschluß auf einer Wiese ohne Leine laufen. Zugleich ließ ich ihm ein Kopfband mit einer Fangsicherung anfertigen, die er aber nur tragen mußte, wenn wir den Kellerraum oder später das Gehege verließen und immer, wenn wir von längeren Märschen im Freien zurückkehrten. Da Johnny die Bänder von früh auf gewöhnt war, gab es bei ihm damit nie Probleme.

Mit Frühlingsbeginn quartierte ich ihn in das Bärengehege unserer Kaserne ein und schlief, damit er sich an sein neues Zuhause gewöhnen konnte, dort die ersten 14 Tage mit ihm auf dem Strohlager. Bald bekam Johnny außer seiner Flasche Milch mit Haferbrei auch noch Weiß-

brot, Obst, gekochtes Fleisch, gebratenen und rohen Fisch. Es machte mir großen Spaß, sein Wachsen und Gedeihen zu verfolgen. Zu seinem Gehege gehörte ein 1,20 Meter tiefes Planschbecken, in dem er sich gerne austobte. An warmen Tagen tollte ich mit ihm in der Badehose darin herum. Oft legte ich ihm tote Fische ins Wasser, mit denen er anfangs nur spielte, dann teilweise und später ganz fraß. Zum Spielen bekam er eine Holzkugel, außerdem stellte ich einen verästelten alten Baum in seinem

Gehege auf, damit er sich im Klettern üben konnte.

Mit fünf Monaten führte ich ihn zum Losheimer Weiher. Als ich ins Wasser sprang, war Johnny ganz erschrocken. Er stellte sich auf die Hinterkeulen, schaute mir verdutzt nach, zögerte und stürzte mir dann doch hinterher. Von nun an bereitete es ihm immer ein riesiges Vergnügen, baden zu gehen. Stets hielt er sich im Wasser in meiner Nähe und versuchte oft, mich mit seiner Pranke unter Wasser zu drücken, so daß ich Wasser schluckte und wegtauchen mußte. Kam ich wieder an die Oberfläche, begann das Spiel von neuem. Anfangs schwammen wir nur etwa 100 Meter hinaus, im Alter von anderthalb Jahren bewältigte er jedoch mit mir die dreifache Strecke und schwamm von einem Ufer zum anderen.

Mein junger Kodiak war noch robuster als seine drei Vorgängerinnen und von jung an grob zu mir, was mehr Strenge erforderte als bei Alfred, Charly und Kalinka im gleichen Alter. Immer wieder forderte er mich heraus und zwang mich, mich als den Stärkeren zu behaupten. Ich setzte mich jedoch immer durch, und er ordnete sich mir bis zum nächsten Mal unter. Mir schwante jedoch, daß seine Wildheit in wenigen Jahren zum Problem werden könnte. Was ich damals noch nicht ahnte war, daß dieser Tag früher kommen sollte, als ich es von seinen Vorgängerinnen gewohnt war, also frühestens nach Vollendung der Geschlechtsreife.

Ging es in den Wald, führte er sich wie ein Verrückter auf. Von der Leine gelassen, rannte er zuerst ziellos durch die Gegend, dann tobte er sich aus, indem er unentwegt Purzelbäume schlug. Anschließend kletterte er Bäume hoch und rückwärts wieder runter. Wie meine früheren Bären riß auch er Äste ab und wühlte im Waldboden. Zwischendurch kam er immer wieder freudig zu mir gelaufen, stellte sich auf die Hinterpranken, stieß mich mit beiden Pranken an, um sich meiner Aufmerksamkeit und Bestätigung zu versichern und stürmte dann wieder ins Unterholz. Ich kam mir vor wie eine Mutter, die ihr Kind zum Abenteuer-Spielplatz begleitet, mit dem kleinen Unterschied, daß es bei Johnny galt, ein Kraftpaket im Auge zu behalten. Prinzipiell blieb er immer in meiner Nähe. Wenn ich ihn mal aus den Augen verlor, brauchte ich nur nach ihm zu rufen, und gleich richtete er sich sichtbar auf. So konnte ich ihn stets unter Kontrolle halten.

Den Soldaten unseres Bataillons gegenüber benahm sich der Jungbär sehr rüpelhaft. Er lief zu ihnen hin, spielte mit ihnen, und wenn ihm etwas nicht paßte, versetzte er diesem oder jenem einen überraschenden kurzen Prankenhieb. Meine Kameraden lachten darüber, mir war gar nicht danach zumute. Denn es war klar, daß Johnny das auch als erwachsener Bär tun würde – nur mit viel mehr Kraft. Erste Zweifel kamen in mir auf. Hatte ich mich mit dem Kodiakbär übernommen?

Nahm unser neues Maskottchen an einem Bataillonsappell teil, achtete ich immer auf einen gewissen Sicherheitsabstand zu den in Reihe stehenden Soldaten. Denn sobald Johnny spürte, daß sich jemand vor ihm fürchtete, versuchte er, den Betreffenden herauszufordern, indem er grob zu ihm wurde.

Meine Freizeit verbrachte ich mit dem Kodiak im gleichen Gelände, das ich früher mit Kalinka durchstreift hatte. Solange wir beide allein waren, ging alles gut. Nahm ich aber andere Personen mit, so sah er in ihnen schwächere Spielkameraden – und das ergab Probleme.

Im Wald hatte Johnny seine Lieblingsbäume, solche mit tiefhängenden Ästen, die ihm das Klettern erleichterten.

Manchmal saß er ziemlich lange auf starken Ästen, um mit den Krallen morsche Rinde aufzureißen. Entfernte ich mich dann heimlich von ihm oder versteckte ich mich, fing Johnny erbärmlich an zu schreien. In seiner Panik verfiel er nie darauf, mich mit seiner feinen Nase zu erschnuppern. Erst auf mein Rufen hin lokalisierte er mich und kam ganz aufgeregt angelaufen. Mit zunehmendem Alter und Gewicht kletterte er seltener auf Bäume und dann auch nicht mehr so hoch. Als einmal ein Ast unter der Bärenlast brach, stürzte Johnny vier Meter herab, konnte sich aber mit den Pranken im unteren Gezweig abfangen.

Besonders behagten ihm Sumpfgebiete, wo er sich im Morast ausgelassen suhlte und Sumpfpflanzen entwurzelte. Mitunter beaufsichtigte ein ihm vertrauter Kamerad Johnny für zwei bis drei Stunden dort. Bei seiner ersten Bärenwache fand ich den Burschen genauso schlammbesudelt vor wie den Bären selbst. Vergnügt erzählte mir der Mann, Johnny sei immer wieder aus dem Schlamm zu ihm hergelaufen und habe direkt neben ihm seinen Pelz ausgeschüttelt. Sein Ausweichen habe nichts gebracht, der Bär sei ihm ständig nachgelaufen. Im Anschluß an jedes Schlammbad mußte Johnny zum nächsten Bach geführt werden, in dem er durch sein Herumtollen im Wasser sein Fell säuberte.

Einem Hobbyfischer verdanke ich die Erfahrung, daß Kodiakbären, wenn Fisch auf dem Speiseplan steht, geborene Feinschmecker sind. Gelegentlich versorgte der Mann meinen Kodiak mit frischen Forellen, Karpfen und Rotaugen. Forellen verzehrte Johnny am liebsten, und zwar samt Gräten. Karpfen waren für ihn zweite Wahl. Davon fraß er nur die besten Fleischteile. Den Rotaugen biß er den Kopf ab und verschlang ihn, dann zog er mit den Krallen vorsichtig die Filetteile vom Fischskelett und kostete davon. Die Gräten selbst verschmähte er. Steht eine breite Nahrungspalette zur Auswahl, sind Bären nicht weniger wählerisch als Menschen. In der Not aber vertilgen auch sie alles, was nur eßbar ist, von Kartoffelschalen bis zu Brennesseln.

Anläßlich eines Waldlagers im September 1977 bei Steinberg im Hochwald des Saarlandes wollte ich den 40 Soldaten meines Zuges zeigen, wie man Forellen mit bloßen Händen aus einem Bach holt. Ich gab 120 Forellen ins Gewässer. Das reichte für mehrere Mahlzeiten des ganzen Zuges. Es stellte sich jedoch bald heraus, daß nur drei der Soldaten hierzu Geschick genug besaßen. Mir blieb schließlich nichts anderes übrig, als zusammen mit den drei Meisterschülern erst einmal so viele Forellen aus dem Bach zu holen, daß die anderen mitverpflegt werden konnten. Den Kodiak hatte ich unter Aufsicht im Lager gelassen. Nach dem enttäuschenden Experiment nahm ich am nächsten Tag zu Demonstrationszwecken den vierbeinigen Fachmann mit zum Bach. Natürlich geriet er beim Anblick der silbernen Blitze im Wasser außer Rand und Band, er war in seinem Element. Jedem sind die Fernsehbilder lachsfischender Kodiakbären in Alaska vertraut.

Begeistert ging er ans Werk. Nach der

Es bereitete uns große Freude Johnnys Wachsen, Gedeihen und Erstarken mitzuerleben – hier in seinem Merziger Gehege.

Methode seiner Artgenossen schleuderte er einige Fische blitzschnell mit den Pfoten aus dem Wasser und stopfte sie sich gierig ins Maul. Da er insgesamt nicht viele Fische fing, blieben genug Forellen übrig, mit denen ich die Soldaten versorgen konnte. Als ich den Bach fast leergefischt hatte, ließ ich ihn darin in den nächsten Tagen noch mehrmals auf und ab laufen. Die letzten Forellen durfte er dann selber vertilgen.

Bereits zu dieser Zeit beobachtete ich, daß er sich, ausgeprägter als dies bei meinen Lippenbärinnen und Kalinka der Fall gewesen war, zum Einzelgänger ent-

wickelte. Da ich nach ihm kein weiteres Bärenmännchen aufgezogen und mein Bärenleben zugunsten der Wölfe aufgegeben habe, kann ich nicht beurteilen, ob dieser Wesenszug bei Johnny auf sein Geschlecht oder seine Art zurückzuführen ist. Auf jeden Fall arteten seine spielerischen Auseinandersetzungen allmählich zu Grobheiten gegenüber meinen Kameraden und mir aus. Im Zelt konnte ich nur noch mit ihm alleine schlafen. Dabei zeigte er mir durch sein Nuckeln an meinem Hals seine ungebrochene Zuneigung. Weckten ihn Geräusche von Streifengängern, stürzte Johnny aus dem

Zelt und verjagte sie. Mit einer erschreckenden Unbedingtheit verteidigte er alles, was er als sein Revier betrachtete. Damit er die Posten nachts nicht mit seiner mächtigen Pranke verletzen konnte, ordnete ich an, daß künftig ein weiter Bogen um unser Quartier zu machen sei.

Eines Morgens, als ich noch schlief, büchste Johnny aus. Durch wilde Schreie geweckt, sah ich dann, daß er das 50 Meter entfernte Nachbarzelt eingerissen hatte und darauf herumtrampelte. Zum Glück hatten sich die vier Kameraden, die darin einquartiert waren, noch rechtzeitig aus den Schlafsäcken ins Freie gerettet. Sie fluchten und murrten: »Wenn das so weitergeht, ist der Bär bald Herr im Lager. Der macht doch gerade was er will.« Sie hatten recht. Auch andere Vorfälle gaben mir zu denken. Immer weniger meiner Leute konnten dem Bären unbefangen begegnen. Anders als Kalinka in diesem Alter, konnte ich Johnny auch nicht mehr in die Nahkampfausbildung miteinbeziehen. So blieb mir im Waldlager nichts anderes übrig, als seine Betreuung alleine zu bewältigen. Wieder zu Hause in Merzig, begleitete mich von da ab nur noch Erika auf Geländeausflügen mit Johnny. Aber auch mit ihr, seiner zweiten Ziehmutter, ging er immer rabiater um.

Mittlerweile zweijährig – also noch als Jungbär – war Johnny zu einem furchteinflößenden Muskelpaket herangewachsen. Er wog fast vier Zentner und entwickelte sich in atemberaubender Schnelle ins Gigantische. Ausgewachsene Hauptbären unter den Kodiaks können bis zu 15 Zentner schwer und knapp drei Meter lang werden. Manche Exemplare erreichen eine Schulterhöhe über 120 Zentimeter. Doch charakterlich war Johnny zu dieser Zeit nichts anderes als ein großer rücksichtsloser Lümmel.

Im April 1978 besuchte uns der Journalist Walter Wolter, der an vier meiner Expeditionen teilgenommen hatte. Johnny kannte er noch nicht. An einem verregneten Nachmittag begleitete Walter Erika und mich auf einem Geländeausflug mit dem Bären. Johnny tollte ausgelassen um uns herum und versuchte immer wieder, sich mit Walter spielerisch zu messen und ihn umzuwerfen. Wurde er zu wild, griff ich ein, um Walter, der mit Bären nicht vertraut war, vor Schaden zu bewahren. Irgendwann ließ der Kodiak von Walter ab, da er bei ihm offensichtlich nicht richtig zum Zuge kam.

Johnny trug weder Kette noch Maulkorb und bewegte sich wie immer frei im Gelände. Tausend Gerüche beschäftigten ihn nun. Mal witterte er an einem Kaninchenbau, mal schabte er seinen graubraunen Pelz an der Borke eines Baumes. Urplötzlich aber kam Johnny angerannt, rempelte meine Frau an und verpaßte ihr flapsig einen Tatzenhieb auf den linken Fußknöchel, der sie stürzen ließ, und stürmte dann weiter. Da Walter und Erika voraus gelaufen waren, hatte ich den Vorfall nicht richtig mitbekommen und schmunzelte anfangs darüber. Bis mir Walter zurief: »Werner, deiner Frau geht's nicht gut.« Ich lief zu ihnen hin. Erika lag mit schmerzverzerrtem Gesicht im Gras und umklammerte mit beiden Händen ihren linken Fuß, der stark anschwoll. Für Erika hatte unsere Wanderung ein böses Ende genommen. Ihr Knöchel war gebrochen. Johnny stand mittlerweile hoch aufgerichtet an einem Apfelbaum und schüttelte ihn, als wolle er ihn samt Wurzeln ausreißen. Schnaubend traktierte er den Stamm, bis das Holz mit einem trockenen Knacken nachgab. Nun galt es aber unbedingt, zuerst einmal den Bären zu beruhigen und ihn wieder auf Normaltemperatur zu bringen. Ruhig und voll konzentriert, fast wie ein Hypnotiseur, redete ich auf ihn ein, bis er sich wieder beruhigt hatte und wir den Heimweg antreten konnten.

Walter stützte meine Frau, während ich den Bären nicht mehr aus den Augen ließ. Ich war darüber froh, daß Erika den Vorfall trotz ihrer großen Schmerzen gelassen hinnahm. Sie meinte zu Walter: »Wer mit Bären lebt, gewöhnt sich ans Unvorhersehbare.«

Fortan ging ich mit Johnny nur noch alleine ins Gelände, und zwar spätabends oder schon frühmorgens, wenn ich davon ausgehen durfte, daß uns niemand begegnen würde. Der Kodiak war zu einem Sicherheitsrisiko für meine Mitmenschen geworden. Einen Monat später, im Mai 1978, wurde er es auch für mich.

Während eines gemeinsamen Bades in unserem nahe der Kaserne gelegenen Weiher, drückte mich Johnny plötzlich mit der Tatze unter Wasser. Anders als sonst gab er mir diesmal keine Chance, unter seiner Pranke einfach wegzutauchen. Unter Wasser verging mir fast Hören und Sehen, und zusätzlich traktierte er mich mit seinen Krallen, so daß ich später von blauen Flecken übersät war.

Erst ein energischer Befreiungsschlag bewirkte, daß Johnny mich freigab.

Abermals stand ich vor der Frage, wie lange ich den Bären noch bei mir halten konnte. Nicht nur, daß ich ihn von Menschen fernhalten mußte, gab er mir ja auch immer deutlicher zu verstehen, daß er meine bisherige Dominanz nicht mehr akzeptierte. Auch Erikas Einwände wurden immer energischer: Woher ich eigentlich meine Selbstsicherheit nehme? Ich müßte doch sehen, daß der Bär von Tag zu Tag mehr gegen mich aufbegehre und mir auch an Körperkraft weit überlegen sei. Sie könne schon gar nicht mehr hinschauen, wenn sich der Riese nach der täglichen Fütterung tief zu mir herabbeuge, um glücklich summend an meinem Hals zu nuckeln. Bis in den Dezember zögerte ich, die Konsequenzen zu ziehen. Ich konnte und wollte mich einfach nicht von Johnny trennen. Dann entschied sich alles schlagartig – buchstäblich.

Als ich an einem Dezembertag 1978 sein Gehege betrat, um ihm seine Milchflasche zu bringen, legte er eine Pranke auf meine Schulter, mit der anderen ergriff er die Flasche und nuckelte, sich dabei zu mir herabbückend, wie üblich an meinem Hals. Doch statt wie sonst zufrieden zu summen, fing er mit einem Mal an bedrohlich zu grollen. Was folgte, spielte sich in Sekundenschnelle ab. Über die Bedeutung seines Grollens bestand für mich keinen Moment lang Zweifel. Ein Angriff stand unmittelbar bevor. Beruhigendes Einwirken nützte nichts mehr. Ich mußte sofort reagieren. Mit einem Springerstiefel trat ich ihm

Kleine Präsente erhalten die Freundschaft: Hatte ich in der Kaserne Dienst, konnte ich den Bären immer nur kurz besuchen.

blitzschnell gegen die Brust. Seinem mächtigen, fast gleichzeitig erfolgenden Prankenschlag konnte ich ausweichen, indem ich von ihm zurücksprang und aus dem Gehege hechtete. Zum Glück hatte ich die Tür offen gelassen, die ich hinter mir ins Schloß warf. Ratlos und innerlich aufgewühlt starrte ich durch den Maschenzaun auf meinen Johnny, der sich auf die Hinterkeulen gestellt hatte und mich drohend anschnaubte. Langsam wich mein Entsetzen tiefer Traurigkeit über den Verlust eines Freundes.

Als sich mein seelischer Schmerz in

Mit zunehmendem Alter forderte mich Johnny immer unbedingter heraus. Immer weniger Soldaten unseres Bataillons konnten dem Bären unbefangen begegnen. Ich ahnte, daß es bald Probleme geben würde.

den folgenden Tagen legte, gewann ich die Überzeugung, daß ein enges, kumpanenhaftes Zusammenleben zwischen Bär und Mensch auf Dauer generell nicht möglich ist. Daher beschloß ich, keinen weiteren Bären aufzuziehen und mich stattdessen der Wolfsforschung zuzuwenden. Diese vermeintlichen »Erbfeinde« des Menschen hatten mich schon seit geraumer Zeit immer mehr in ihren Bann gezogen.

Doch schon bald merkte ich, daß mein Leben mit Bären für mich noch nicht abgeschlossen war. Zweifel suchten mich heim, ob ich mit dem Abgeben meiner Bären nicht einen Fehler gemacht hatte. Hatten die Trennungen wirklich zwangsläufig stattfinden müssen? Waren sie in jedem einzelnen Fall gerechtfertigt? Hatte ich übereilt gehandelt? Mehr und mehr Bedenken meldeten sich an, bis mir folgendes zur Gewißheit wurde:

Ich hatte mich zu einer generalisierenden Mutmaßung hinreißen lassen, ohne das Problem genügend differenziert zu haben. Nicht generell ist ein Zusammenleben mit Bären auf die Dauer aussichtslos. Vielmehr kommt es auf den Bären an. Genauer gesagt auf seine Gattung. Bären der Gattung Ursus (siehe Kapitel »Familie Ursidae«), zu denen die Braun- und Kodiakbären gehören, neigen wesentlich stärker zum Einzelgängertum als Lippenbären. Sie sind auf Dauer nicht bereit, sich ohne Zwang unterzuordnen. Anders sieht dies bei den Lippenbären aus, die der Bärengattung Melursus zugeordnet werden. Aus meinen Erfahrungen mit Alfred und Charly schließe ich aus der Retrospektive, daß diese Tiere untereinander wesentlich geselliger und umgänglicher sind. Ihre Körperkraft hält auch keinen Vergleich mit der eines Braun- oder Kodiakbären stand. Deshalb dürften Menschen, an die sie von klein an gewöhnt sind, in der Lage bleiben, auch ausgewachsene Tiere auf Dauer zu dominieren.

Weder Alfred noch Charly hätte ich demnach abgeben müssen. Davon bin ich heute überzeugt. Meiner damaligen Unerfahrenheit und schlechter Beratung schreibe ich meinen zweimaligen Fehlentschluß zu. Denn bei beiden Lippenbärinnen hatte *mein* Fehlverhalten ihre Aggression provoziert: Alfred hatte ich in meiner Ungeduld bei sengender Sonne über offenes Gelände führen wollen, und Charly konfrontierte ich mit einem Kamerateam, obwohl ich früher schon mehrfach die Erfahrung hatte machen müssen, daß Kameras sie erschreckten. Die zum Foppen aufgelegte Panzerbesatzung hatte ihrem Unmut lediglich den Rest gegeben.

Weder Alfred noch Charly hatten je so unbedingt gegen meine Dominanz aufbegehrt wie Kalinka und Johnny dies taten.

Aus diesen Überlegungen resultiert meine heutige Überzeugung, daß ein Zusammenleben auf Dauer mit den beiden Lippenbärinnen weiterhin möglich gewesen wäre. Nicht aber mit Kalinka oder Johnny.

Bei Alfred und Charly hätte ich dann allerdings ein klassisches Problem vieler »Eltern« meistern müssen: Die Bärinnen mehr sich selbst zu überlassen; also weniger Nähe zu ihnen zu suchen. Was nichts anderes heißt, als sie vermehrt allein zu lassen. Bären, das hatte ich ja beobachtet, entwickeln mit wachsendem Alter eine immer stärker ausgeprägte Persönlichkeit, der ich bei den Lippenbärinnen dann hätte durch mehr Freiraum Rechnung tragen müssen. Dies wäre unter Fortführung unseres gewohnt engen Kontakts nicht möglich gewesen.

Diese Einsicht setzte ich dann bei der Aufzucht meiner Wölfe konsequent um. Ich achtete darauf, daß sie, ihrer Natur gemäß, zu mehreren – also im Rudel – aufwachsen konnten und dadurch nicht zu sehr auf mich fixiert wurden. Außerdem ging ich künftig auch innerlich rechtzeitig auf Distanz zu ihnen, um dem Prozeß ihres Erwachsenwerdens, den unausweichlichen Rangordnungskämpfen und ihrem natürlichen Sozialverhalten nicht im Wege zu stehen.

Im Dezember 1978 stand ich jedoch vor der Aufgabe für Johnnys weitere Zukunft zu sorgen.

Ich telefonierte mit allen Leitern städtischer oder privater Tiergärten, die ich im In- und Ausland kannte. Die meisten hätten einen Jungbären gerne genommen – aber einen knapp dreijährigen wollte niemand. Zuletzt blieben zwei Zoos übrig, aber ihre unzureichenden Bärengehege enttäuschten meine Frau und mich. Daraufhin beauftragte ich einen Tierhändler als Vermittler. Als er Johnny begutachtet hatte, bot er mir 4500 Mark auf die Hand. Auf mein skeptisches Nachfragen, wohin er das Tier zu geben gedenke, erwiderte er unverhohlen: »Wer am meisten dafür bezahlt, kriegt ihn.« Damit war für mich jedes weitere Wort überflüssig.

Zum Glück erfuhr ich, daß der Direktor des Karlsruher Zoos, Dr. Birkmann, gerade eine große neue Bärenanlage hatte errichten lassen, in der zwei Braunbärinnen lebten. Für sie brauchte er einen durchsetzungsfähigen, starken Bären. Der letzte, mit dem er die beiden Damen beglücken wollte, war von ihnen ungnädig in die Flucht geschlagen worden. Ich fand, das war die richtige Herausforderung für Johnny und bot dem Karlsruher Zoo den Kodiak als Geschenk an.

Johnny fand auf diese Weise noch im selben Monat eine neue Heimat, und ich sollte mich in ihm nicht getäuscht haben. Nach einer kurzen Eingewöhnungszeit wurde er in die Bärenfreianlage zu den Braunbärinnen gelassen. Die beiden Frauen fackelten nicht lange und griffen den Eindringling mit Zähnen und Krallen an. Mit mächtigen Prankenschlägen machte Johnny dem Spuk ein schnelles Ende und verschaffte sich Respekt. Schließlich akzeptierten ihn die Bärinnen. Zufrieden verfolgte ich diese Entwicklung. Etwas Besseres als diesen Lauf der Dinge hätte ich mir ja gar nicht wünschen können. Inzwischen ist der Kodiak mehrmals Vater geworden.

Mit der Trennung von Johnny endete mein 17jähriges Zusammenleben mit Bären. Der Kodiak ist bis heute meine größte Herausforderung geblieben. Am 1. März 1986 schied ich als Stabsfeldwebel aus der Bundeswehr aus. Seitdem kann ich mich intensiv der Wolfsforschung widmen. Meine sechs Rudel mit 27 Wölfen nehmen mich heute voll in Anspruch.

Mythos Bär

Seit frühester Zeit jagt der Mensch Bären. In kälteren Gebieten diente ihm das dichte Fell zum Wärmen und als Polster für das Schlaflager. Sein Fleisch – vor allem die Tatze – gilt natürlich nicht erst seit Karl May als Delikatesse. Chinesische und römische Literaten empfehlen geröstete Bärentatzen nicht nur als Gaumenfreude, sondern vor allem zur männlichen Kräftigung im Vorfeld erotischer Spiele. Überliefert ist, daß der Bär – als Rohstoff verarbeitet – in Salbenform Wunder wirke, bei Hautkrankheiten, Haarausfall, zur Gliedmaßenstärkung oder als Rheumamittel, in flüssiger Form gar als Trunk gegen Darmbeschwerden.

Doch Bären wurden nie vorrangig ihres Fleisches wegen gejagt. Sie waren nie eine gewöhnliche Beute. In frühester Zeit war er ein gefürchteter Nahrungskonkurrent und eine ständig präsente Bedrohung für den Menschen. Doch viel mehr beeindruckte, daß Bären sich wie Menschen bewegen und über dämonische Kräfte zu verfügen schienen.

Der frühzeitliche Jäger muß schwere Konflikte ausgestanden haben, wenn er von einem solchen Tier aß. Mythen berichten uns davon. Nur ausgedehnte Beschwichtigungsriten konnten nach mythischer Vorstellung diesen Frevel sühnen: Die Sioux in Nordamerika behängten sich nach erfolgreicher Bärenjagd mit dem Fell des Opfers und tanzten tagelang, um den Bärengeist zu versöhnen. Die Lappen in Skandinavien setzten die Knochen ihrer Beute wieder zum vollständigen Skelett zusammen und beerdigten es. Die asiatischen Giljaken hielten zu Ehren getöteter Bären Trauerfeiern ab, als sei ein lieber Verwandter gestorben.

Da in früher Zeit die Wirklichkeit vorwiegend seelisch erlebt, das heißt in Bildern aufgefaßt und nicht rational interpretiert wurde, galt als real, was in der Vorstellungswelt der Menschen möglich war. Und diese erlebten die Umwelt als von seelischen Wesenheiten durchlebt. Wesenheiten oder Geister, die ganz ähnlich der menschlichen Seele eine Art Persönlichkeit haben, mit denen man in Kontakt zu treten können glaubte. Man kann diese Einstellung heute noch bei spielenden Kleinkindern beobachten. Mensch, Tier und Pflanzen galten daher einander als nicht so fremd wie dies für uns heute ganz selbstverständlich scheint. So konnten für das Verhältnis Mensch-Bär aufschlußreiche Legenden entstehen. Immer wieder steht dabei die Verwandtschaft zwischen Mensch und Bär im Vordergrund.

Ein finnisches Märchen beispielsweise führt die Herkunft der Bären auf menschlichen Verwandlungswunsch zurück: Ein junger Mann habe vor langer Zeit auf einen Baum klettern wollen, um an die reifen Früchte zu gelangen. Da er aber mit seiner Kleidung ständig im Geäst hängen blieb, habe er diese schließlich abgeworfen. Doch auch das brachte ihn keinen Meter weiter. Kleine spitze Äste und die schroffe, kantige Rinde rissen ihm die Haut immer wieder schmerzhaft auf. So wünschte er sich ein dichtes Fell, scharfe Krallen zum Festhalten und außergewöhnliche Kräfte zum Abstützen und Hochziehen. Die Götter erhörten und wandelten ihn zum Ahnen der Familie Ursidae.

Eine gerade umgekehrte Stammvaterschaft kennen die Ainus, die Urbevölkerung Japans. Heute leben nur noch zirka 400 reinblütige Ainus auf der japanischen Insel Hokkaido. Ferner Restgruppen auf sowjetischem Territorium, nämlich auf der Halbinsel Kamtschatka, auf der Insel Sachalin und den Kurilen. Sie führen ihren Ursprung auf den Bären zurück, den sie »kimum-kamui« nennen. Das Wort »kamui« findet sich im japanischen Wort für Gottheit, »kami«, wieder. Der Bär ist somit das »höhere Wesen, das in den Bergen wohnt«. Seine Seele sei der menschlichen verwandt. Das bedeutendste Fest der Ainus war das »iomante«, das Fest der »Heimsendung der Seele«. Das Ritual wurde mit lebenden Bären vollzogen. Wenn im Frühjahr der Schnee schmolz, gingen sie auf Bärenjagd. Die Jungen getöteter Bärinnen nahmen sie mit ins Dorf und zogen sie in den Hütten zusammen mit ihren eigenen Kindern liebevoll auf. Ainufrauen sollen Bärenjunge sogar an ihrer Brust genährt haben.

Ähnliches erlebte ich beim Stamme der Mandobo im Hochland von Neuguinea, wo Frauen Ferkel zusammen mit ihren Kindern säugten. Nach dem Mästen wurden die Schweine getötet, allerdings nicht aus religiösen Gründen, sondern nur des Fleischgenusses wegen.

Wenn die aufgezogenen Bären so groß wurden, daß man sie nicht mehr in der Hütte halten konnte, sperrten die Ainus sie in Holzkäfige, wo sie weiterhin gut behandelt und verpflegt wurden. War ein Bär drei Jahre alt geworden, also mit Vollendung seiner Geschlechtsreife, konnte das Fest der Heimsendung abgehalten werden. Dies fand immer im Winter statt, wenn die Vorräte knapp wurden und der Bär viel Fett angesetzt hatte. Dann holte man ihn aus dem Käfig, eröffnete ihm feierlich, daß er nun zu seinen Ahnen entsandt würde und bat ihn um Verzeihung. Zum Fest kamen Gäste aus den Nachbardörfern. Man tanzte auf dem Versammlungsplatz, trank Reiswein und freute sich auf die vorbereiteten Delikatessen. Nach einem Gebet wurde der Bär an einen Pfahl gebunden und gemartert. Die Männer beschossen ihn mit stumpfen Pfeilen und verprügelten ihn mit einer Rute, bis er wild wurde und dabei schließlich seine Kräfte erlahmten. Schließlich tötete der Häuptling den Bären durch einen Pfeil ins Herz. Dabei durfte kein Blutstropfen die Erde berühren. Den Hals klemmte man zwischen zwei Holzklötze, um sicher zu sein, daß das Opfertier tot war. Das abgezogene Fell wurde auf den »keomandemi« gesteckt, den »Pfahl des Entsendens«. Jetzt tranken die Ainumänner das Blut des Bären, um sich seine Kräfte und Tugenden einzuverleiben. Den Kopf des Bären legten sie inmitten von Geschenken und Leckerbissen, die sie ihm als symbolische Opfergabe für seine Ahnen mitgaben. Der Genuß des gekochten Bärenfleisches krönte das Festmahl.

Eine besondere Variante erzählt man sich bei einem Stamm der Tungusen, die an den Rändern des Kinghan-Gebirges im Grenzgebiet der Mongolei leben. Sie anerkennen ihren Ahnherren als Sohn der unfreiwilligen Liaison eines Jägers mit einer Bärin, die sich diesen gegriffen, ihn vergewaltigt und gefangengehalten habe. Interessant ist hierbei ganz besonders, daß man sogar soweit ging, dem bärischen Verhalten menschliche, überlegte Absichten zu unterstellen.

Offenbar regte das verborgene einzelgängerische Wesen des Bären und der nicht Jungbären führenden Bärinnen in der ganzen Welt dazu an, diesen Lüsternheit zu unterstellen. Unter vielen Indianerstämmen Nordamerikas kursieren Geschichten von regelrechten Entführungen junger Frauen durch liebeshungrige Grizzlys. Auch in Europa und Asien beschäftigte die vermeintliche Liebeskonkurrenz der Bären die Phantasie junger Männer.

Bärinnen übernehmen in den Mythen auch Ammendienste. Die germanische Sage kennt die Gestalt des Beowulf, der seine Heldenkraft der besonderen Milch seiner Amme verdankte: einer Bärin. Ähnlich soll das im Auftrag des Priamos von einem Hirten auf dem Berg Ida ausgesetzte Findelkind Paris fünf Tage lang überlebt haben, weil eine Bärin ihn gesäugt und beschützt habe. Achilles soll mit dem Knochenmark von Bären aufgezogen worden sein. Im Nordischen galt Bärenblut als Förderungsmittel kriegerischer Tugenden.

Zu allen Zeiten galt es als höchste Mannesehre, einen Bär erlegt zu haben. Eine Bärentrophäe durfte nur der Jäger tragen, der einen Bären auch wirklich erlegt hatte.

Bewundert und gefürchtet zugleich wurde der Bär zu einem Archetyp, der auf der ganzen Welt in der menschlichen Gefühlswelt fest verankert ist. Ein Symbol, das Kraft, Mut, Unerschrockenheit und Unbesiegbarkeit versinnbildlicht. In allen prähistorischen und in den frühen Hochkulturen wurden Bären verehrt. Immer wieder ist der Wunsch nach Wesensverwandtschaft mit diesem großen mächtigen Tier beschrieben. Bärengestalt anzunehmen bedeutete, sich zum Meister der Eigenschaften dieses Tieres zu machen. Das Tragen eines Bärenfells oder das Nachahmen seines Verhaltens bedeutete, sich des Bären, seiner Kraft, seines Wesens und seines Geheimnisses zu bemächtigen. Die spezifischen Riten, Mythen sowie beschwörend-magischen Praktiken der Kulturen in aller Welt weisen eindeutige Parallelen auf. Selbst heute noch schmücken Bären als Symbol Wappen und Banner.

Daß der Bär die Phantasie des Menschen in dieser Weise unablässig beschäftigte, davon zeugen unzählige Überlieferungen.

Funde aus der Altsteinzeit weisen auf die uralten Bärenkulte hin. Man entdeckte in Höhlen reihenweise Bärenschädel, in deren Augen- und Mundöffnungen Arm- und Beinknochen steckten, darüber hinaus auch in Höhlennischen akkurat geordnete Schädel und Gebeine von Bären. Dies können Trophäen gewesen sein, mit denen der stolze Jäger seine Fähigkeiten herausstellen wollte. Ähnliches beobachtete ich während meiner Expeditionen bei eingeborenen Jägern, die sich mit Teilen ihrer Beutetiere schmückten oder sie als Fetische in ihren Hütten aufbewahrten. In Neuguinea zum Beispiel hängten Papuas Wildschweinschädel an Lianenstricken vor ihren Hütten auf.

Gemeinsam ist den Mythen, Sagen und Legenden der Griechen, Germanen, Slawen, Chinesen, Koreaner und Indianer beispielsweise auch das Wissen um das Berserkertum (dt.: bersi, Bär; serkr,

Fell oder Schurz). Also das Wissen von Menschen, die sich unter bestimmten Bedingungen und Zeiten zu Bären verwandeln oder Götter, die diese Gestalt aus List annehmen.

So wurde der mythische Herrscher Yu, der als Begründer der Xia-Dynastie – etwa im 23. Jahrhundert vor der Zeitenwende – gilt und eine der wichtigsten Gestalten des chinesischen Volkstums ist, als ein halbmenschlich-halbtierisches Wesen vorgestellt. Um den an ihn ergangenen göttlichen Auftrag nachzukommen, Ordnung in die Welt zu bringen und das Chaos einzudämmen, habe er sich in einen Bären verwandelt, um die Naturgewalten bezwingen zu können. Diese Verwandlung ermöglichte er, indem er tapsig mit aufgerichtetem Kopf schritt, um das Verhalten eines Bären nachzuahmen und die Verwandlung zu provozieren. Dieser tapsige Bärenschritt des Gottes Yu ging in rituelle Tänze als Bestandteil verschiedener Zeremonien und schamanistischer Praktiken ein.

In germanischen Sagen und Legenden versteht man eine bärische Kampfeswut unter dem Berserkertum. Hier handelt es sich um Krieger, die es verstanden, ihre Kampfkraft so zu steigern, daß sie als Berserker (also wie Bären) bedingungslos und wie im Blutrausch kämpften. So wird berichtet, daß diese Krieger wie wilde Bären gebrüllt und Zitterschauer ihre Körper durchlaufen hätten. Den Rachen weit aufgerissen, mit Schaum vor dem Mund, seien sie ihren Gegnern entgegengetreten. Habe das Angriffssignal zu lange auf sich warten lassen, hätten manche in ihren Schild

Eine feste Burg ist unser Gott? Nein, dieser Bär betet nicht. Aber solche menschlich anmutenden Verhaltensweisen haben zur Entstehung der weltweit verbreiteten Bärenmythen beigetragen.

Braunbären-Fährte – unverkennbar: Bären sind Sohlengänger, die beim Gehen die ganze Pranke aufsetzen. Deutliche Abdrücke hinterlassen die fünf Zehen.

Zum Säugen drückt die Mutter ihre Jungen an sich und wärmt sie dabei.

Braunbären in einem finnischen Nationalpark in Lappland. Werden frei lebende Braunbären bald nur noch ein Stück gesamteuropäische Vergangenheit sein?

Bären müssen alles, was sie zum Überleben brauchen, erlernen. Deshalb werden sie bis ins zweite Lebensjahr von ihrer Bärenmutter geführt, dann abgeschlagen und selbständig. Bis dahin aber ist die Welt für sie ein großer Abenteuerspielplatz.

Spielend lernen: Diese beiden Bärenjungen trainieren den Ernstfall – die Revierbehauptung gegenüber einem eindringenden Artgenossen.

Der Winterschlaf stellt sich bei Bären erst bei Futtermangel und Temperaturen unter dem Gefrierpunkt ein.

Europäische
Bären sind kleiner
und bei weitem
nicht so aggressiv
wie ihre nordame-
rikanischen
Verwandten.

gebissen und mit Schwert oder Axt gegen Bäume und auf den Boden geschlagen, um ihre Wut nicht vorschnell explodieren zu lassen. Diese Trance galt bei den Germanen als Ausdruck göttlichen Berührtseins, weshalb man Berserker – aufgrund dieses göttlichen Beistands – auch für unbesiegbar hielt. Der germanische Gott Wodan selbst habe seinen Auserwählten diese tierische Kampfeswut verliehen. In der Wölsungen-Saga läßt er seinen Enkeln Sigmund und Sinfjötli, Vater und Cousin Siegfrids des Drachentöters, Wolfsfelle zukommen, die ihnen ihr Leben als Verfolgte in den schwedischen Wäldern erleichterten: Streiften die Männer die Fälle über, verwandelten sie sich in Werwölfe. Vergleichbares wird von Bärendecken berichtet.

Etwas harmloser weiß die chinesische Mythologie von Huangdi, einem legendären Herrscher des neolithischen Chinas zu erzählen. Er habe seinen Soldaten Tiernamen verliehen und sie aufgefordert, ein furchtbares Aussehen anzunehmen und sich wie wilde Tiger, Bären, Wölfe und Drachen zu verhalten.

Die besondere Wertschätzung des Bären hat sich in Europa auch auf seine Bejagung ausgewirkt – für seine Bestände sowohl förderlich wie auch ungünstig. Mit der Bärenjagd als Regal des Adels schützten Fürsten wie Kaiser Maximilian von Österreich, der wohl berühmteste und bedeutendste Jäger seiner Zeit, das Bärwild vor dem Zorn geschädigter Bauern, und unter solchem staatlichen Schutz hatte die Gattung Ursus bis heute in Osteuropa gute Zukunftsaussichten, weil sie devisenschwere Jäger ins Land

brachte. Doch gerade mit der Einführung von Pulver und Blei hat die Jagd den Bären in kürzester Zeit europaweit ins Abseits gedrängt.

Die Bärenjagd gehört in Europa zur sogenannten Hohen Jagd. Hunde spielen, seit der Mensch über diesen Jagdgefährten verfügt, bei der Bärenhatz eine besondere Rolle. Es ist ihre Aufgabe, den Bär zu erspüren, zu stellen und ihn durch ständiges Angreifen möglichst so lange zu beschäftigen, bis der Jäger herangekommen ist und ihn mit dem Jagdspieß oder dem Gewehr tötet.

Eine ganz andere Methode der Bärenjagd praktizierten die Ainu Japans. Sie waren einst Fischer, Jäger und Sammler. Zum Fischfang und zur Jagd benutzten sie Speere sowie Pfeil und Bogen. Hirsche jagten sie mit Hilfe von Hunden. In ihren Siedlungsgebieten waren Bären die einzigen Raubtiere, die ihnen gefährlich werden konnten. Um sie zu töten, brachten die Ainus vor Bärenhöhlen und Bären-Wechseln Bogen an, deren vergiftete Pfeile sich mittels einer langen Schnur aus der Ferne abschießen ließen. Das zeigt ein hohes Maß an Furcht und Respekt vor dem mächtigen Tier.

Eine ähnliche Jagdmethode konnte ich beim Stamm der Nunusaku auf der Molukken-Insel Seram beobachten. Sie biegen zwei bis drei Meter neben dem Wildwechsel einen Baumstamm zurück und befestigen daran eine Abschußanlage mit einem Speer aus einer Bambusart, die beim Eindringen in die Blutbahn hochgiftig wirkt. Über den Wildwechsel wird eine dünne Liane gespannt, die bei Berührung eine Sicherung auslöst und den

Baum zurückschnellen läßt. Der Speer wird auf das in die Falle tappende Beutetier geschleudert. Während meiner sechswöchigen Expedition auf Seram erlebte ich, wie die Nunusaku auf diese Weise zwei Hirsche und ein Wildschwein erlegten.

In Rußland praktiziert man vielerorts bei der Bärenjagd eine ähnliche, wenn auch wesentlich modernere Methode. Man stellt den Bär vor seinem Winterlager und knallt ihn ab. Andere Jagdweisen sind das Auslegen von Bäreneisen beziehungsweise das Anlegen von Fallgruben.

Auch die Jäger unserer zivilisierten Zeit schätzen die Trophäe. Besonderer Beliebtheit erfreuen sich dabei, wie mir versichert wurde, die Bärendecke und der Penisknochen.

Raubtiere machen – ihrem Instinkt gehorchend – nur soviel Beute, wie sie für ihre Ernährung benötigen. Dasselbe galt für den Urmenschen und gilt bis heute für die vom Aussterben bedrohten Naturvölker. Unter unseren zivilisierten Zeitgenossen gibt es jedoch skrupellose Typen, die aus Trophäensucht oder reiner Profitgier jagen. Vorweg gesagt: Ich habe nichts gegen ein waidgerechtes Handwerk, das übermäßige Tierpopulationen auf ein ökologisch vertretbares Maß reduziert und in Zaum hält. Die meisten Jäger sind sich hierzulande ihrer Verantwortung auch bewußt. Es gibt jedoch eine Spezies, meist wohlbetuchter Leute, die seltene oder gar vom Aussterben bedrohte Tiere – insbesondere Großwild – jagen und dafür viel Geld zahlen.

Die Lebensweise dieser Tiere kennen sie kaum, um Ökologie scheren sie sich nicht. Sie begehen Lustmord an wilden Tieren.

Der durch seine kritischen Tierdokumentarfilme populär gewordene Journalist Horst Stern hat solche Praktiken in seinem Buch »Jagdnovelle« eindringlich geschildert. Seine Geschichte handelt von einem Großbankier, der über ein Jagdtouristikbüro für eine horrende Summe den Abschuß eines kapitalen Bären in einem Ostblockland bucht. Dort bereitet ein Wildhüter alles vor und führt den Herrn auf den Hochsitz, die »Bärenschießbude«. Um den Bären anzulokken, wird für ihn ein Luderplatz eingerichtet, an den der Bär Tage zuvor schon gewöhnt wird. Es herrscht gespanntes Warten auf dem Hochsitz, bis das Prachtexemplar angetrottet kommt und sich das ausgelegte Fleisch holt. Jetzt darf der Bankier schießen, und der Bär bricht tot zusammen. Der Wildhüter bedankt sich mit einem »Waidmannsheil« für seinen Lohn in harter Mark, und der Bankier erhält die Trophäe.

Ähnliche Szenen erlebte ich auf meinen Expeditionen. So wurden in Paraguay zahlungskräftige amerikanische Kunden von staatlich angestellten einheimischen Jagdhütern für viel Geld zum Jaguarabschuß herangeführt. Als Köder für die Raubkatzen band man eigens dazu gezüchtete Ziegen an. Griff der Jaguar die Beute an, schoß der »mutige« Sportsmann aus einem vom Jagdführer vorbereiteten Versteck auf den Jaguar ein. Schlechten Schützen verhalf der Jagdführer durch Nachschüsse zu ihrer

Ein »menschenmordendes« Raubtier? In Sri Lanka werden Lippenbären für den Tod von Angehörigen der Urbevölkerung verantwortlich gemacht. Die »Indizien« erweisen sich jedoch als unhaltbare Spekulationen.

Trophäe. Mit der erlegten »Beute« ließ sich dann der Urwald-Tourist fotografieren, um den Lieben daheim mit seiner Heldentat zu imponieren.

Im Südwesten Äthiopiens konnte ich beim Gilo-Fluß über vier Wochen lang beobachten, wie zwei finanzkräftige Jäger aus Spanien von einem Geländewagen aus so viele Antilopenböcke schossen, daß das Gehörn den ganzen Anhänger ihres Wagens füllte. Noch in ihrem Jagdlager wurden die Trophäen ausgekocht und gebleicht, so daß ihre Abnehmer in Spanien sie nur noch an die Wand zu hängen brauchten.

Damit nicht genug. Im Nachbarlager am selben Fluß jagten Franzosen riesige, bis zu sechs Meter lange Krokodile. Sie fuhren nachts im Motorboot den Fluß rauf und runter und schossen den Echsen im Schein von Lampen zwischen die Augen. Oft trafen sie nicht richtig, so daß die Krokodile erst nach Tagen qualvoll verendeten. Nach dem Abziehen und Einsalzen der Häute, die für eine französische Lederfirma bestimmt waren, warfen die Profitjäger die Kadaver in den Fluß, wo sie aufgebläht forttrieben.

In diesem Stil werden auch Bären weltweit gejagt. Neben die Lust am Morden gesellt sich bei der Beute Bär noch der Kribbel der Gefahr, eines der wehrhaftesten Raubtiere der Erde »erlegt« zu haben. Dieser Lustmord ist eine der dunkelsten Seiten des über Jahrtausende vielseitigen und kulturell so fruchtbar wirkenden Mythos Bär.

Erquicklich und im ganz harmlosen Sinne profitabel ist dagegen ein ganz anderes kulturhistorisches Phänomen: der Teddybär. Er darf in keinem Kinderzimmer fehlen. Ohne Teddy wächst auch heute noch kaum ein Kind auf. Diese Plüschtiere sind zu einem der umsatzträchtigsten Massenartikel der Spielzeugindustrie geworden. Als Spielzeug waren Bärenfiguren zu allen Zeiten präsent. Vornehmlich aus Ton geformt sind sie seit der Antike überliefert. Ihre viel älteren Kollegen aus Holz und Stroh sind längst verwittert und uns daher nicht mehr zugänglich.

1903 kam der Plüschteddy fast gleichzeitig in den USA und Deutschland auf den Markt. Bevor er jedoch zum Kassenschlager wurde, mußten die Hersteller noch einmal Hand an ihn legen. Findige Messeverkäufer hatten erkannt, daß mit lebensnah, das heißt groß, stark und bedrohlich, wirkenden Teddys kein Geld zu verdienen war. Die Metamorphose war schnell vollzogen, der liebe, naive Knuddel-Teddy geboren. Ein Kaufboom setzte ein, der bis zum heutigen Tag anhält. Selbst Jungen durften mit Teddys spielen, ohne Gefahr zu laufen, als puppenspielende Muttersöhnchen verspottet zu werden.

Unschlagbar ist bei Kindern Teddys weiches, langhaariges Kuschelfell, seine lebendige, ein wenig tolpatschige Erscheinung, die große Stupsnase und die meist ein wenig melancholisch wirkenden Knopfaugen. In Teddys Armen findet jede Ungerechtigkeit Tröstung. In ihnen wird eine Zuneigung fürs ganze Leben begründet.

Die Arktophilie, die Teddy-Sammelleidenschaft, gewinnt von Jahr zu Jahr mehr Liebhaber. Auf Auktionen erzielen die Plüschtiere, mit den zumeist zur Umarmung auffordenden, ausgestreckten Pranken, horrende Gebote. Der Teddy ist »in«, vor allem der zum Selberbasteln. Entsprechende Kurse bei Volkshochschulen und Familienbildungsstätten sind ständig ausgebucht.

Mythen, Sagen und Märchen rund um den Bären sagen uns viel über die Faszination, die der Bär zu allen Zeiten im Menschen ausgelöst hat. Sie verhelfen uns aber eher zu mehr Eigenverständnis, als daß sie uns Auskunft über das Tier geben. Wer wissen will, wie Bären wirklich sind, der muß sich an Fakten halten.

Familie Ursidae

Bären gehören zu den markantesten Mitgliedern der Unterordnung Landraubtiere (Fissipedia), denen die Fleischfresser (Carnivora) übergeordnet werden. Die Landraubtiere sind eine der verbreitetsten und weitestentwickelten Tiergruppen. Ihnen gehören schließlich auch die Wölfe und Raubkatzen an.

Die Ordnung der Fissipedia unterteilt man in die Überfamilie der Marder und Bären (Arctoidea), von denen sich unsere Familie Ursidae, die Familie der Großbären, abzweigt. Aus dieser Gruppe stammen meine Bären: die beiden Lippenbärinnen Alfred und Charly, die Braunbärin Kalinka und der Kodiakbär Johnny. Meine ersten Kumpanen, mit denen ich über Jahre auf du und du zusammenlebte.

Damit sind die Bären keineswegs abschließend systematisiert. Die Zoologie unterscheidet zu Recht verschiedene Linien einzelner Bärengattungen innerhalb der Stammesgeschichte. Durchgesetzt hat sich heute die Einteilung in vier Gattungen: die sogenannten Echten Bären (Ursus), die Lippenbären (Melursus), den Malaienbären (Helarctos) und zuletzt den Brillenbären (Tremarctos ornatus), der allein die Gattung der Kurzschnauzbären (Tremarctinae) repräsentiert und die einzige Bärenart Südamerikas ist.

Zur Gattung der Echten Bären zählen der Braunbär (Ursus arctos), der Grizzly (Ursus horribilis), der Kodiakbär (Ursus middendorffi) und der Kragenbär (Ursus thibetanus), gleichfalls der Amerikanische Schwarzbär, der auch unter dem Namen Baribal (Ursus americanus) beschrieben ist, sowie der Eisbär (Ursus maritimus). Auch hier steht der Gattungsname vor dem näher charakterisierenden Adjektiv.

Faszinierend ist der Blick zurück in die Jahrtausende des stammesgeschichtlichen Werdens der Gattung Ursus. Schädel- und Knochenfunde, mittels der Radiokarbon-Methode datiert, verglichen mit den Böden, in denen sie gefunden wurden oder mit aussagekräftigen Begleitfunden, lassen darauf schließen, daß sich die Entwicklungsgeschichte der Echten Bären in Schwarz- und Braunbären im späten Tertiär, also vor rund drei Millionen Jahren, gezweigt hat. Wenig Veränderung hat es in der Folgezeit vermutlich bei den Schwarzbären, also den asiatischen Kragenbären und dem amerikanischen Baribal in den letzten anderthalb Millionen Jahren gegeben. Ihr Stammvater ist Ursus minimus.

Ganz anders sieht es bei dessen Bruder, dem Ursus etruscus aus, einer waldbewohnenden Art, die sich entwicklungsgeschichtlich verzweigte. Auf ihn führen sich der Braunbär und der Eisbär zurück, wobei letzterer ein Abkömmling einer nicht bekannten Zwischenstufe des Braunbären sein muß.

Wie bei vielen Tiergruppen im Pleistozän, zeigt auch Ursus etruscus in seiner Weiterentwicklung zum berühmten Höhlenbären (Ursus spelaeus) die für diese Zeit charakteristische Tendenz zum Gigantismus. In europäischen Höhlen wurden viele Tausende von Knochen dieses Bären gefunden.

Das Pleistozän, das vor rund anderthalb Millionen Jahren begann, zeichnete sich durch eine intensive Abkühlung des Klimas aus. Es bildeten sich gewaltige Gletscher, die von den heutigen Alpen bis weit hinein nach Bayern und Oberschwaben reichten. Norddeutschland war eine Eiszone. Südlich der Eisgrenze zog sich im Norden ein breiter Streifen von Kältesteppen, mit Flechten, Zwergbirken, kleinen Weiden und Moosen bewachsen, entlang. Diese Flora bestimmte auch die Hochflächen nördlich der Alpen. Eintönige Kiefern-, Birken- und Eibenwälder bedeckten die Abhänge jener Hochflächen. Die sumpfigen Täler waren mit Erlen, Eichen und Weiden bewachsen. Durch diese Landschaft zog auf ausgetretenen Pfaden das damals größte Landraubtier.

Der Höhlenbär war eine waldbewohnende Art. Er unterscheidet sich vom heutigen Braunbären durch seine außergewöhnliche Größe oder genauer gesagt durch seine Länge. Denn seine Schulterhöhe ist niedriger als die unserer heutigen Eis- und Braunbären. Die Funde lassen auf einen gewaltigen Schädel, eine stark gewölbte Stirn und kurze, aber kräftige Extremitäten schließen. Er war eine weitgehend auf Europa begrenzte Art. Trotzdem bildete er zahlreiche geographische Rassen.

Interessanterweise hat man allen Grund anzunehmen, daß es sich bei ihm um einen vorwiegend friedlichen Vegetarier handelte. Seine stumpfen Zahne, die kurzen Krallen sowie sein relativ plumper Körperbau weisen darauf hin, daß er sich von Gras, jungem Laub, Sprößlingen, Beeren, Insekten, Spinnen und Schnecken ernährte. Sein ausgeprägter Geruchssinn wird ihm auch ein erfolgreiches Aufspüren von Aas ermöglicht haben.

Mit etwas Phantasie kann man sich eine Begegnung zwischen Höhlenbär und urzeitlichem Jäger vorstellen. Die Cro-Magnon-Menschen des Jungpaläolithikums vor 30 000 bis 40 000 Jahren waren Jäger noch ohne Haustiere und ohne

Bären spüren den größten Teil ihrer Nahrung durch Witterung auf. Vorsichtig beschnuppert Alfred hier die Schußwunde des Rehs.

Metall – bewaffnet mit Holzspeeren mit festgebundener Knochen- oder Steinspitze und nicht sehr schweren und daher weniger schlagkräftigen Steinäxten oder Holzkeulen. Ein Kampf auf Leben und Tod mit fürchterlichen Verletzungen muß der Frontalangriff eines Höhlenbären bedeutet haben und war für den Jäger wohl nur in der Jagdgruppe zu gewinnen. War er zur Flucht gezwungen, mußte er damit rechnen, daß ihn der laufstarke Bär bergauf oder bergab einholte und zerriß. Selbst das Erklettern eines Baumes mußte nicht gleich Rettung bedeutet haben. Denn der Höhlenbär war auch hier dem Menschen ebenbürtig. Erst dünne Äste

in großer Höhe boten vor dem massigen Verfolger Schutz. Weniger gefährlich für den Jäger wird das Auflauern über einer schmalen Schlucht oder über dem Höhleneingang gewesen sein. Durch Herabwerfen oder -rollen schwerer Felsbrokken konnte der Bär getötet werden. Höhlenmalereien zeugen noch heute von diesen fürchterlichen Aufeinandertreffen.

Es gibt Wissenschaftler, die das Aussterben des Höhlenbären auf Inzucht zurückführen. Die kleinen Populationen seien genetisch zu erstarrt gewesen, um sich den folgenden Klima- und Umweltveränderungen anpassen zu können.

Die heutigen Echten Bären leben in den arktischen und gemäßigten Zonen Eurasiens und Nordamerikas. Sie sind Nachfahren der waldbewohnenden Urbären und dürften im mittleren Pleistozän aus den Wäldern abgewandert sein. Der Grund ist meines Wissens noch nicht geklärt. Überpopulation? Klimaerwärmungen, die eine Vermehrung erfolgreicherer Nahrungskonkurrenten in den Wäldern ermöglichte und die die Bären dazu bewegten, in die baumkargen Kältesteppen abzuziehen?

Bemerkenswert ist an dieser erfolgten Lebensraumveränderung vor allem eines: Jungbären bedurften eines intensiveren Schutzes durch die Bärin vor Säbelzahntigern, Wölfen, Höhlenlöwen und anderen Raubtieren. Die Steppe bot viel weniger Deckung. Diese erhöhte Bedrohung konnten die bis dahin relativ friedlichen und vermutlich scheuen Bären nur durch größere Angriffslust und höhere Kampfentschlossenheit ausgleichen. Diese ständige Bereitschaft, mögliche Feinde sofort frontal anzugreifen, prägt heute noch das Wesen der Bären der Gattung Ursus, vor allem den legendären Ruf des Grizzly, und hat entscheidend zum Entstehen des Mythos Bär beigetragen.

Unter der Gattung Ursus befinden sich die größten Landraubtiere. Auffallend ist ihre kräftige, stämmige Bauweise und ihr robuster Brustkasten. Ihr Schwanz besteht nur aus einem kurzen Stummel. Die Beine sind kurz und kräftig. Die Pranke hat fünf Zehen mit langen, kräftigen, halbmondförmigen Krallen, die der Bär nicht einziehen kann. Im Verhältnis zum sehr breiten und langgezogenen Kopf wirken die Augen wie kleine lebhafte Knöpfe. Auch die runden, dicht behaarten Ohren wirken leicht verkümmert. Das Gebiß besteht aus 42 Zähnen. Der Ansicht, Bären hätten keine echten Reißzähne, kann ich mich nicht anschließen. Schon gar nicht bezogen auf Lippenbären, deren Hauptwaffe sie sind. Auch bei Braun- und Kodiakbären beweisen mir die eigenen, teilweise sehr schmerzhaft erworbenen Erfahrungen das Gegenteil dieser verbreiteten Lehrmeinung. Die Backenzähne sind recht niedrig und weisen breite Kauflächen auf: typische Merkmale eines Tieres, das sich vorwiegend pflanzlich ernährt. Allerdings reicht die Kieferkraft mühelos aus, selbst große Knochen bis aufs Mark zu knacken. Wie alle Landraubtiere sind Bären, wenn es darauf ankommt, ausgezeichnete Schwimmer.

Meister Petz ist ein klassischer Sohlengänger, das heißt, er tritt mit der gesamten Fußsohle auf – anders als die Zehengänger Hund und Katze. Sein Tritt ist somit sehr stabil und sicher.

Bären sind optimal auf Empfang gerichtet. Sie können Düfte auf kilometerweite Entfernung riechen und differenzieren. Den größten Teil ihrer Nahrung spüren Bären durch Witterung auf. Menschliche Stimmen hören sie noch in gut 300 Meter Entfernung und nehmen selbst kleinste Bewegungen wahr. Hierin begründet sich auch der völlig korrekte Rat des kanadischen Bärenforschers Stephen Herrero, sich im Bärengebiet möglichst laut, wenn nicht gar lärmend zu verhalten, um eine plötzliche und bei-

de Seiten überraschende Begegnung tête-à-tête zu vermeiden, die zu einem Spontanangriff des Bären führen kann.

Von ihrer Kurzsichtigkeit abgesehen, sind Bären im Grunde zum Überleben optimale angepaßt. Sie fühlen sich in den meisten Klimazonen der Erde heimisch. Dies liegt vor allem an der Vielfältigkeit ihrer Nahrung. Das können selbst erbeutete Tiere wie Fische, Wildschweine, Rehe, Hasen und Nagetiere sein. Auf der Suche nach Würmern, Spinnen und Insekten drehen sie geschickt Steine um oder kratzen diese Beute aus dem Erdreich oder aus Holz. Bären fressen was sie finden, also auch Kadaver, Beeren,

138

Früchte, Kräuter, Wurzeln und mit großer Vorliebe süße Schleckereien.

Fast alle Bären sind bei Nahrungsmangel unermüdliche Wanderer, die sich im Wald völlig lautlos, aber auch wie der sprichwörtliche Elefant im Porzellanladen bewegen können. Ihren Parasiten verabreichen sie einmal im Jahr eine Hungerkur, die zur Massenabwanderung dieser Plagegeister führt: Da Bären während des Winterschlafes monatelang nichts fressen, fehlt ihren Eingeweidewürmern die Nahrung. Den unerwünschten Gäste wird die Tür gewiesen.

Lange war es umstritten, ob Bären wirklich Winterschläfer sind, da sich in Gefangenschaft befindliche Bären selten zurückziehen. Erst in jüngster Zeit kam man diesem Rätsel auf die Spur. Die amerikanischen Wissenschaftler John Craighead und Edgar Folk beobachteten, daß sich der Winterschlaf erst bei Futtermangel und Temperaturen unter dem Gefrierpunkt einstellt. Kein Wunder, daß man in zoologischen Gärten nur winteraktive – weil gut versorgte – Bären beobachtet.

Freie Bären fressen sich im Herbst einen Speckvorrat an, der bis zu einem Drittel ihres Körpergewichts ausmacht. Davon zehren sie monatelang. Verlangsamter Stoffwechsel und gesenkte Körpertemperatur sparen Energie und garantieren, daß die Vorräte auch wirklich bis zur Schneeschmelze reichen. Harn und Kot geben sie in dieser Zeit nicht ab. Bären graben ihr Winterquartier gerne an steilen Hängen auf ausgesprochen sonniger Südseite. Innen bereiten sie sich ein bequemes Ruhepolster aus Gräsern,

Laubwerk und manchmal auch aus Ästen. Es wurden Höhlen in freier Wildbahn vermessen, die bis zu neun Meter tief ins Erdreich eingegraben waren. Innen liegt ihre durchschnittliche Höhe zwischen anderthalb bis drei Meter – je nach der Größe des Hausherrn.

Bären haben keine feste Brunftzeit. Die Bärzeit liegt im Schnitt zwischen April und Juni. Die Tragzeit von Braunbären war lange Zeit ein Rätsel, denn sechs Monate Trächtigkeit waren ebenso normal wie neun Monate. Der Grund: Die befruchteten Eier machen eine unterschiedlich lange Entwicklungspause durch. Diese »Keimruhe« synchronisiert die Geburten, trotz der über Monate ausgedehnten Paarungszeit, in etwa auf Dezember/Januar, also wenn sich die Bärin im Winterlager aufhält. Die ein bis drei Jungen werden also während der futterärmsten und kältesten Jahreszeit geboren. Jungbären sind bei der Geburt blind, nackt und völlig hilflos. Ihr Geburtsgewicht liegt zwischen 320 und 500 Gramm. Nach zirka vier Wochen öffnen sie erst ihre Seher. Zum Säugen drückt die Bärin ihre Jungen an sich und wärmt sie dabei. Ihre Entwöhnung erfolgt nach einigen Monaten.

Es hat sich eingebürgert, bei Bären, die ihr drittes Lebensjahr noch nicht vollendet haben, von Jungbären zu sprechen. Danach nennt man sie Mittelbären. Die Namensscheide wird durch das Eintreten der Geschlechtsreife begründet. Ein Bär, der älter als sechs Jahre ist, heißt Hauptbär.

Es ist mehrfach beobachtet worden, daß Bärinnen, bevor sie ihr Winterlager bezogen, ihren Vorjahres-Nachwuchs abschlugen (verjagten) und dieser dann von anderen Muttertieren mit gleichaltrigen Jungen adoptiert wurde. Eine andere »bärige« Besonderheit ist, daß bei keiner anderen Säugetierart Kannibalismus so häufig beobachtet wurde wie bei den Echten Bären. Besonderheiten, die Familie Ursidae über Jahrtausende die Aufmerksamkeit des Menschen sicherten.

Zum Verhalten
des Bären

Um zu wissen, wie Bären wirklich sind, muß man jahrelang mit ungezähmten Bären zusammenleben und selbst werden wie sie. Man muß ihre Eigenarten annehmen. Nur Bärenkinder aufzuziehen reicht nicht aus und würde lediglich Aufschlüsse über deren prägesensible Phase zulassen. Bären entwickeln sich in gewisser Weise ähnlich wie Menschen, nur wesentlich schneller. Der Umgang mit ihnen erfordert viel Einfühlungsvermögen und eine genaue Kenntnis ihrer Verhaltensweisen und Mimik. Man muß lernen, genauso schnell wie ein Bär zu reagieren, denn seiner Natur entsprechend nutzt er jede Schwäche eines Partners zu seinem Vorteil aus. Vor allem darf man nie Furcht vor ihnen zeigen. Man muß sich durchsetzen können, sich ständig auf sie konzentrieren und sie ständig im Auge behalten. Bären haben das gleiche Bedürfnis nach Zuneigung und Geborgenheit wie Menschen. Sie fordern diese von ihrem menschlichen Partner stürmisch ein und zeigen ihm ihre Zufriedenheit, indem sie wohlig brummend an seinem Arm oder Hals nuckeln. Wegen dieser hohen Anforderungen gibt es nur wenige Menschen, die hautnah mit Bären zusammenleben.

Mein Leben mit diesen Geschöpfen und mein Erfahrungsaustausch mit den verschiedenen Bärenkennern hat mir wiederholt gezeigt, wie lebendig und individuell verschieden das Innenleben der Bären ist und welch' hohes Maß an Gefühlsstärke bei ihnen zu finden ist. Jungbären können beispielsweise aus Angst jämmerlich nach ihrer Mutter schreien, wenn sie von ihr getrennt wurden. Die Wiedersehensfreude ist entsprechend stürmisch. Auch bei ausgewachsenen Tieren ist die Anhänglichkeit noch nach vielen Jahren beeindruckend, wie ich am

Ende dieses Kapitels noch einmal aufzeigen werde. Daß auch Bären maßlose Eifersucht empfinden können, habe ich im Zusammenhang mit der Bärzeit von Alfred, Charly und Kalinka beschrieben.

Kein Bär gleicht dem anderen. Jeder hat eine eigene Individualität mit unterschiedlich ausgeprägtem Charakter. Unter Bären gibt es, wie unter Wölfen und Menschen, tolerante, ich bin geneigt zu sagen weltoffene Gemüter und mißtrauisch-aggressive Eigenbrödler. Bären sind intelligent und ungemein neugierig. Alles Unbekannte ist reizvoll. Schnell gewöhnen sie sich an eine neue Umgebung. Ihre Neugierde besiegt in der Regel recht bald jede natürliche Scheu.

Bären begehren alles, was für sie erreichbar ist. Ihre Besitzansprüche kennen kein Maß. Wenn jemand beispielsweise in unmittelbarer Nähe einer meiner Bären aß oder trank, meldete jeder von ihnen sofort Selbstbedarf an. Nicht weil sie hungrig oder durstig waren, sondern weil sie blanker Besitzneid trieb. Ich habe in den vorangegangenen Kapiteln viele Episoden geschildert, in denen Speisen oder Getränke aus diesem Grund recht grob den Besitzer wechselten. Dabei hatte ich wiederholt die Erfahrung gemacht, daß Bären sehr wütend reagieren, wenn man versucht, gegen solche rücksichtslosen Aneignungen energisch einzuschreiten. Um mein Vertrauensverhältnis zu ihnen nicht zu gefährden, gewöhnte ich es mir schnell an,

Gelobt sei, was Neugierde weckt. Der Reiz des Unbekannten wirkt auf Bären wie eine Droge.

ihnen ihren Willen zu lassen und den Geschädigten lieber Ersatz zu verschaffen. Bären leben sich ungeniert aus. Dabei treten sie in ihrem Verhalten aber nie aus den ihnen durch ihre Natur vorgegebenen vernünftigen Grenzen heraus. Tiere leben – anders als der Mensch – in völligem Einklang mit sich und ihrer natürlichen Umwelt.

Was man allgemein über Bären liest, läßt auf erhebliche Forschungs- und Beobachtungslücken schließen. So stoße ich mit einer schönen Regelmäßigkeit auf die weit verbreitete Ansicht, Bären seien absolut unberechenbar. Wäre dies wirklich der Fall, hätte ich niemals so lange und eng mit Bären zusammenleben können, sondern wäre von ihnen abgeschlagen worden. Voraussetzung ist aber, daß man sich die Mühe macht, sich in Bären hineinzudenken, daß man versucht sie zu verstehen.

Wenn ich das Gehege betrat, merkte ich am Zusammenspiel vieler Ausdrucksmerkmale meist gleich, wie der Bär gelaunt war. Bei Bären wechselt die Stimmung viel schneller als bei uns Menschen. Von ihnen mißverstandenes Verhalten oder überraschende äußere Einflüsse können ihre Zutraulichkeit im Nu in Feindseligkeit umschlagen lassen. Ihre Aggression verflüchtigt sich aber auch genauso schnell wieder, wenn man ruhig reagiert und nicht die Nerven verliert.

So kann man beispielsweise ihren Gemütszustand an den Augen erkennen, allerdings bemerkt man deren Lebendigkeit nur aus nächster Nähe. Gewöhnlich ist ihr Blick ruhig. Bei leichter Erregung

verfärbt sich übrigens das Weiße in ihren Augen rosa und der Blick flackert etwas. Ist der Bär in äußerste Wut geraten, verfärbt sich das Weiße rot und der Augapfel schwillt an. Die Nackenhaare sträuben sich. Dann heißt es aufpassen, denn in einem solchen Moment mobilisiert ein Bär all seine Kraftreserven. Das kommt allerdings relativ selten vor. Zog ich die Wut eines meiner Bären auf mich, hatte ich sie meist durch eigene Fehler heraufbeschworen. Die schmerzhafteste Lektion erteilte mir, wie berichtet, meine siebenjährige Lippenbärin Alfred, als sie mich angriff, nachdem ich versucht hatte, sie in hochsommerlicher Gluthitze über offenes Gelände zu führen. Schwere Verletzungen, die sie mir später im Gehege beibrachte, waren die Quittung. Verändern sich die Augen von Bären, wird der gesamte Gesichtsausdruck grimmig. Der Konflikt mit Alfred lehrte mich, bei ihren Nachfolgern Erregungen durch ruhiges Zureden und ruhige Bewegungen zu dämpfen. Johnnys Angriff im Dezember 1978 ließ mir hierzu allerdings keine Zeit mehr.

Auch die Laute der Bären sind von ihrer Stimmung abhängig. Ein kurzes tiefes Brummen drückt Unzufriedenheit aus und war mir immer ein Warnsignal. Ein anhaltendes, von tiefen in höhere Töne übergehendes Brummen erfolgt bei Wut und in der Regel unmittelbar vor einem Angriff. Das Maunzen und eine Art Summen sind weitere Laute, die zu unterscheiden sind und bei verschiedensten Gelegenheiten Anwendung finden.

Ob ein Angriff bevorsteht, verrät auch die Stellung der Ohren. Das ist ja auch von Wölfen bekannt. Je weiter ein Bär seine Ohren nach hinten legt, desto wütender ist er.

Die Intensität von Prankenhieben ist situationsbedingt. Erst erfolgt ein Warnhieb, bei stärkerer Gegenwehr der gezielte Schlag und schließlich der auf Beutetiere und manchmal auch auf Rivalen gerichtete Tötungsschlag.

Stellt sich ein Bär auf die Hinterpranken, so kann das verschiedene Gründe haben. Nimmt er etwas wahr, das er noch nicht richtig identifizieren kann, erhebt er sich, um eine bessere Geländeübersicht zu haben. Wird er überrascht, erhebt er sich ebenfalls, um den Eindringling durch seine imposante Erscheinung einzuschüchtern und seine Revierverteidigungsbereitschaft zu demonstrieren. Im Falle einer ihn herausfordernden Reaktion seines Gegenübers schlägt er dann blitzschnell zu oder rollt sich in den Gegner hinein, um dann zuzubeißen. Dieses purzelbaumartige Über-den-Kopf-Rollen üben alle jungen Bären im Spiel. Später wird aus Spiel Ernst und zu einer – für den Gegner – überraschenden Angriffstaktik.

Ein ungutes Zeichen ist es auch, wenn Bären bei geschlossenem Fang die Zunge rollen. Zufriedenheit wiederum drücken sie aus, indem sie an ihren Pfoten oder an Hals und Armen ihres Partners nuckeln. Das gleichzeitige Summen hört sich wie das eines Bienenschwarms an.

Charly verfolgt seine »Mutter« auf Schritt und Tritt. Vorsichtig beäugt sie das unbekannte Hindernis.

Wenn ich Bären im Gelände von der Leine nahm und ihnen freien Lauf ließ, verhielten sie sich ausschließlich instinktmäßig, und ich lernte schnell, ihnen keinen Zwang aufzuerlegen und sie frei agieren zu lassen. Meine einzige Erziehungsmaßnahme bestand darin, ihnen Halsband, Leine und eine Fangsicherung anzulegen, wenn ich sie aus dem Gehege holte und wieder zurückführte oder wenn sie unter fremde Menschen kamen. Da die Bären von Kindesbeinen an diese Maßnahme gewöhnt waren, empfanden sie das nie als Zwang, sondern als Selbstverständlichkeit.

Hätte ich mehrere Bären zur gleichen Zeit gehalten, so hätte ich mich vermutlich rabiater durchsetzen müssen – wie Gerhard Schönke, der Bärenpfleger des Berliner Zoos, der trotz seines hervorragenden Einfühlungsvermögens manchmal mit dem Knüppel zwischen sie gehen mußte. Da ich es immer nur mit einem Bären zu tun hatte, war es für mich einfacher, mich durchzusetzen. Lehnte sich einer zu sehr auf und wollte mich unterkriegen, versetzte ich ihm einen Kinnhaken oder trat ihm in die Rippen, handelte also ebenso grob wie Bären es tun. Nur solches Verhalten akzeptieren sie. Untereinander rangeln sie allerdings etwas anders. Sie schlagen sich nicht aufs Kinn, sondern mit den Pranken auf Kopf und Rumpf.

Mit meinem alten Freund Franz Brumbach, dem mittlerweile über siebzigjährigen Zirkusdirektor, dessen Attraktion Ringkämpfe zwischen Bären und Menschen waren, diskutierte ich lange über die Berechenbarkeit von Bären.

Er bestätigte meine Erfahrungen, daß man ihr zu erwartendes Verhalten nur aus nächster Nähe richtig einschätzen kann. Weil Menschen aber so selten an Bären herankommen, konnte sich das Märchen von der Unberechenbarkeit von Meister Petz in den Köpfen festsetzen. Allerdings wunderte sich Franz, daß ich meine Bären in freier Natur unangeleint laufen ließ und sich diese das Anleinen, wenn Fremde nahten, gefallen ließen. Bei seinen Bären hätte er das nie wagen können. Selbst das lange Vertrauensverhältnis mit seiner 38jährigen Bärin würde gefährdet werden, wenn er ihr ohne Maulkorb freien Auslauf gewähren und dann versuchen würde, ihr den Zwang wieder anzutun. Das bestätigte mir noch einmal die Erkenntnis Konrad Lorenz', der mir sagte, daß man mit wehrhaften höheren Säugetieren nur richtig umgehen kann, wenn man von Kind an mit Tieren aufgewachsen ist und das Talent dazu hat, Tiere zu verstehen. Zugleich muß aber auch ein stark ausgeprägtes Durchsetzungsvermögen vorhanden sein.

Ein weiteres oft vernachlässigtes Kapitel ist das gute Gedächtnis von Bären. Dieses Phänomen will ich durch einige Beispiele veranschaulichen.

Im Herbst 1983 flog ich an einem Wochenende zusammen mit einem Vogelkundler, einem Förster und einem Freund nach Berlin, um mir im dortigen

Schmusestunde: Nuckelnde Bären demonstrieren, daß sie sich wohl fühlen.

146

Zoo die Arktiswölfe anzusehen, denn von ihnen sollte ich bald darauf einen Wurf Welpen für unser Wolfsgehege in Merzig bekommen. Natürlich wartete ich gespannt darauf, ob mich meine alte Freundin Charly, meine zweite Lippenbärin, die ich 13 Jahre zuvor an den Berliner Zoo gegeben hatte, wiedererkennen würde. Charly lebte dort in einer schönen Freianlage zusammen mit einem anderen Lippenbären. Als wir davor standen, rief ich Charly erwartungsvoll bei ihrem Namen. Was dann geschah, verblüffte uns alle. Die Lippenbärin rannte wie verrückt auf uns zu. Da uns ein tiefer Graben trennte, gingen wir ins Bärenhaus, wo uns ein Tierpfleger die Klappe öffnete. Als die Bärin abermals meine Stimme hörte, kam sie ins Innengehege gestürzt, leckte – am Gitter stehend – meinen Mund, ließ sich von mir kraulen und verschlang nach alter Gewohnheit meinen Zigarrenstummel. Von Gefühlen überwältigt, kamen mir die Tränen. Als Charlys Partner nach einer Weile das Innengehege betrat, schnaubte er eifersüchtig und schlug mit der Pranke durchs Gitter nach mir. Charly aber lief weiterhin aufgeregt zwischen dem Gitter im Innengehege und der Freianlage hin und her. Der Bärenwärter war ziemlich verwirrt, denn so temperamentvoll hatte er die Lippenbärin noch nicht erlebt. Am nächsten Morgen entschuldigte ich mich bei ihm und sagte: »Wenn ich das geahnt hätte, hätte ich meine alte Bärin nicht angesprochen.«

Im Gästezimmer des Zoos erwachte ich nachts mehrmals aus Träumen von Charly und fragte mich, wie sie diese Wiederbegegnung verkraften würde. Hatte ich einen großen Fehler begangen? Wie mir der Tierpfleger aber auf meine Nachfrage bestätigte, verhielt sich die Bärin schon bald nach meinem Besuch wieder völlig wie gewohnt. Ich zog daraus den Schluß, daß Bären zwar ein gutes Gedächtnis besitzen, die Natur bei ihnen aber nach dem Prinzip verfährt: Aus den Augen – oder besser aus Ohren und Nase – aus dem Sinn.

Wenn Lippenbären von Menschen aufgezogen werden und sie länger unter ihnen leben, empfinden sie offenbar zeitlebens eine tiefe Bindung an sie. Nur schwer gewöhnen sie sich danach an einen Partner ihrer Art. Offensichtlich vergessen Lippenbären die Gefährten ihrer Kindheit und Jugend nie.

Charly ist 1991 in Berlin gestorben. Auch ich werde sie nie vergessen.

Als ich meinem Freund Iff Bennet, dem Moderator der Tiersendung »Einfach tierisch« von RTL Luxemburg, der schon einige Sendungen über meine Wölfe gedreht hatte, von der bewegenden Wiederbegegnung mit Charly in Berlin erzählte, schlug er mir vor, in die Zoos von Kaiserslautern und Karlsruhe zu fahren, um das Erinnerungsvermögen meiner anderen Bären zu testen und die Wiederbegegnung mit ihnen zu filmen. Ich war einverstanden. Zuerst fuhren wir mit dem Fernsehteam nach Karlsruhe, wo uns Zoodirektor Dr. Kohn empfing. Er bezweifelte, daß mich der inzwischen mächtige Kodiakbär Johnny wiedererkennen würde, zumal ich ihn seit acht Jahren nicht mehr gesehen hatte.

Die Kamera wurde eingestellt. Johnny

befand sich gerade mit seinen zwei Bärinnen auf der anderen Seite der großen Freianlage. Als ich »Johnny, wo ist denn mein Junge?« rief, hob er den Kopf, stellte sich auf die Hinterpranken und blickte in meine Richtung. Da Bären kurzsichtig sind, konnte er mich mit den Augen noch nicht wahrnehmen, reagierte aber auf die vertraute Stimme. Zuerst trottete er langsam heran, und plötzlich rannte er auf mich zu. Am Eisengitter nahm Johnny sogleich Schnauzenkontakt auf, leckte mein bärtiges Gesicht und auch er verzehrte wie einst meinen Zigarrenstummel, den ich ihm hinwarf. Dann steckte er seine rechte Pranke durch das Gitter und packte meine Schulter, um mich liebevoll an sich zu ziehen. Als er mir den Rücken zuwandte, um gekrault zu werden, kam ich mir angesichts des drei Meter hohen Koloßes mit meiner Größe von 1,72 Meter recht klein vor, und im Vergleich zu seinen Riesentatzen muteten meine Hände geradezu zwergenhaft an.

Der Zoodirektor und die Tierpfleger staunten über unseren vertrauten Umgang. Iff Bennet war natürlich froh, die beeindruckende Szene in seiner TV-Tiersendung zeigen zu können. Wiederum verblüffte mich das enorme Erinnerungsvermögen von Bären. Zum Abschied streichelte ich Johnny noch einmal über den Kopf. Als ich wegging, trottete er wieder zurück zu seinen beiden Bärinnen, die auf Felsen der Freianlage gewartet hatten. Der Kodiakbär hatte mich zwar ebenfalls freudig begrüßt, war aber hinterher nicht so aufgewühlt wie Charly.

Nun hoffte Bennet natürlich auf ähnliche Aufnahmen bei der Wiederbegegnung mit meiner ehemaligen Braunbärin Kalinka, die ich seit zwei Jahren nicht mehr besucht hatte. Roland Schneider freute sich, mich endlich mal wiederzusehen. Kalinka begrüßte mich auf ähnliche Weise wie Johnny, nur noch zärtlicher, denn sie nuckelte wie früher an meinem Arm und suchte länger meine Gesellschaft.

Die Art und Weise, wie mich meine Bären empfangen haben, läßt darauf schließen, daß sich Bären in freier Natur auch kennen. Als Einzelgänger pflegen sie freilich nur vorübergehende Kontakte, vor allem in der Paarungszeit.

Welch ungeheuren Verlust würde es bedeuten, wenn der Lebensraum der letzten freien Bären weiter eingeschränkt und diese faszinierenden Tiere eines Tages aussterben würden!

Überlebt der europäische Braunbär?

Werden wir Ursus arctos in Europa eine Überlebenschance geben? Es liegt an uns. Die Bestände sind in vielen Regionen stark gefährdet. Selbst auf die letzten verbliebenen Rückzugsgebiete der Bären nimmt der Mensch Zugriff, um seinen wirtschaftlichen Interessen oder seinen Freizeitaktivitäten neuen Raum zu schaffen. Vor allem die wachsende touristische Präsenz in vielen dieser Gebieten macht den Tieren zu schaffen und gewährt den scheuen und fluchtbereiten Bären immer weniger streßfreie Ruheperioden, die besonders für die Erziehungsarbeit von Bärenmüttern so wichtig sind.

Die wachsende Verstädterung in Europa und die zunehmende Freigabe bisher ungenutzter Landstriche – beispielsweise für Industrieansiedlungen – verlangen einen ständigen Ausbau örtlicher Infrastrukturen. Jährliche große Rodungen engen das Bärengebiet zusätzlich ein.

Autobahn- und Schnellzugschneisen werden mitten durch uralte Lebensräume ganzer Bärenpopulationen geschlagen und gesprengt. Bald darauf ist der Verkehr dort täglich präsent.

Wilderer werden in vielen osteuropäischen Staaten nur halbherzig verfolgt, wenn sie nicht gar von den ortsansässigen Behörden geduldet werden, da es in verschiedenen Regionen immer noch als Nestbeschmutzung angesehen wird, solche ansonsten verdiente und honorige Gemeindemitglieder vor den Kadi zu bringen. In anderen Fällen stoßen ermittelnde Polizisten und Naturschützer bei der Bevölkerung auf eine Mauer des Schweigens. Es fehlt an Interesse und Verständnis für freilebende Bären.

Die Verbreitungsgebiete der Braunbären in Europa sind zerrissen. Eine exakte Zählung ist bei den zurückgezogen lebenden und höchst mobilen Kraftpaketen nicht möglich. Deshalb kann man die verbliebenen Braunbär-Bestände in Europa nur annäherungsweise bestimmen. Man schätzt rund 40 000 Exemplare. Davon entfallen allerdings allein 30 000 Tiere auf die endlosen Weiten und Wälder Rußlands. Insgesamt ergibt sich folgendes Bild:

Albanien: Rund 600 Exemplare leben im Nordosten des Landes, davon nur 50 bis 70 Tiere in Schutzgebieten. Als besondere Gefährdung erkennt man die Rodung umfangreicher Waldgebiete.

Bulgarien: Die Anzahl ist von 450 (1959) auf etwa 800 (1987) Exemplare gestiegen. Jährlich dürfen 50 Tiere erlegt werden. Die maximale Aufnahmefähigkeit des bulgarischen Lebensraumes wird auf 950 Bären geschätzt. Der Bestand dürfte langfristig gesichert sein.

Deutschland· Die Bärenfrage ist gelöst – gründlich. Die Bestände wurden komplett ausgerottet. In den Bayerischen Alpen starb der letzte Bär 1835 durch eine Kugel bei Ruhpolding.

Finnland: Rund 450 Tiere, vor allem im Norden und Osten des Landes. Bären wandern aus Rußland ein. Gestattet ist in Lappland die Jagd von Oktober bis April, ausgenommen sind Bärenmütter mit Jungen. Da es zur Jagd keiner speziellen Genehmigung bedarf, würden die Bestände ohne die konstante Einwanderung aus Rußland wohl über kurz oder lang zusammenbrechen.

Frankreich: In den Pyrenäen leben noch rund ein Dutzend Braunbären. Die Bedrohungen sind vielfältig: geringe Akzeptanz in der Bevölkerung, Wilderei und Tourismus. Obwohl den Bauern für finanzielle Verluste durch Bärenschäden vom Staat Entschädigungen gezahlt werden, sind die dortigen Bären nicht weniger gefährdet, wie beispielsweise die Bären im Naturpark Adamello Brenta. In den französischen Alpen sind sie seit 1937 ausgerottet.

Griechenland: Rund 170 Exemplare in zwei getrennten Populationen: Eine größere im Pindosgebirge hat Verbindung mit den jugoslawischen und albanischen Beständen, die andere in den Rhodopen hat Verbindung mit den Bären in Bulgarien. Trotzdem die Bestände ·seit 1980 geschützt sind, gefährden Wilderer sowie forst- und landwirtschaftliche Erschließung die verbliebenen Lebensräume.

GUS: Gesicherte Bestände von zirka 30 000 Tieren lassen keine Sorgen aufkommen. Verbreitungsschwerpunkt ist die nordrussische Taiga. Ausreichend große Lebensraumkapazitäten erlauben sogar eine massive Vermehrung der Bestände.

Italien: Zu verzeichnen ist ein Rückgang auf rund 70 Bären. In den Abruzzen gibt es noch zirka 60 Tiere einer besonderen Unterart. Seit 1967 werden dort Bauern Entschädigungen für Bärenschäden gezahlt. Eine kleinere Population gibt es noch in den Trentiner Alpen, die aber vom Aussterben bedroht ist.

Wirksame Hilfe ist notwendig. Von Slo-wenien wandern einzelne Tiere nach Ita-lien (Friaul) ein.

Jugoslawien (Nachfolgestaaten): Gesi-cherter Bestand von über 2000 Tieren. In den zerklüfteten Bergen des dinarischen Gebirges befinden sich ausgedehnte Wäl-der mit einem großen Nahrungsangebot. Luderplätze (Futterstellen) wurden in gepflegten Jagdrevieren angelegt. Mit Ausbruch des Bürgerkrieges verschlech-terte sich die Situation. Von einer kon-trollierten Bärenjagd kann keine Rede mehr sein. Umherschweifende Soldates-ka, Wilderei und der streßverursachende Kriegslärm machen den Tieren vor allem in Kroatien und Bosnien-Herzegowina zu schaffen.

Norwegen: Zirka 100 Tiere, die aller-dings auf viele untereinander zerrissene Gebiete verteilt leben. Seit 1973 ge-schützt. »Schädlinge« dürfen aber mit Genehmigung geschossen werden, aus-genommen Mütter mit Jungen.

Österreich: Es existiert eine im Aufbau befindliche Bärenpopulation von zirka 15 Tieren, die aus Slowenien zugewan-dert sind. Der bekannte »Ötscherbär« lebt seit 21 Jahren in den nördlichen Kalkalpen.

Polen: Es existiert ein kleiner, zuneh-mender Bestand (ca. 90 Exemplare) an-grenzend an die Slowakische Republik (Nationalpark Hohe Tatra). Es gibt ähn-liche Probleme wie im slowakischen Na-tionalpark mit zum Teil denselben »Müll-bären«. Bären werden durch künstliche Futterplätze (Mülldeponien und Cam-pingplätze) und die Nähe der Menschen korrumpiert. In Polen gibt es aber noch gut geeigneten, aber von Bären noch unbesiedelten Lebensraum, angrenzend an Rußland.

Rumänien: Es gibt rund 6000 Tiere, vor allem in den Karpaten, die aber zu dicht aufeinander leben. Es findet eine geregelte Jagd statt, ausgenommen sind Mütter mit Jungen. Strenge Strafen ste-hen auf Wilderei, die aber weiterhin stattfindet. Vor allem mittels Gift stellen die Wilderer den Bären nach. Durch in-tensive Fütterung und strenge Abschuß-regelung unter Ceausescu konnten die Bestände so hoch ansteigen. Es gibt Pro-bleme mit futterzahmen Bären. Da die maximale Belastungskapazität des ver-fügbaren Lebensraums nur zirka 4700 Tiere gestattet, soll der Bärenbestand in den nächsten Jahren auf ein vertretbares Maß reduziert werden.

Schweden: Man verzeichnet zuneh-mende Bestände von über 600 Bären. Der Schwerpunkt liegt in Nordschwe-den. Im Süden lebt eine kleine Popula-tion. Es findet eine geregelte Jagd statt.

Schweiz: Hier hielten sich die Tiere länger als in Deutschland. 1904 wurde das letzte Exemplar im Engadin ge-schossen.

Slowakei: Geregelte Jagd mit gesicher-ten Beständen von rund 600 Tieren. Pro-bleme gibt es mit »Müllbären«.

Spanien: Rund 60 Bären. Im kantabrischen Gebirge zwei Teilpopulationen eines noch um die Jahrhundertwende zusammenhängenden Bestandes. Alle Tiere sind durch Wilderei, Gelegenheitsabschüsse bei großen Wildschwein-Treibjagden und Zerstörung des Lebensraumes gefährdet.

Ungarn: Beobachtet wurden lediglich vereinzelte Grenzgänger aus der Slowakei.

(Quellen: Aus Angaben der Wildbiologischen Gesellschaft München e.V. und der Zeitschrift »Das Tier«, Oktoberausgabe 1989; hinsichtlich der Bestandszahlen wurden Mittelwerte gezogen.)

Um das Überleben des europäischen Braunbären zu sichern, sind konsequente und länderübergreifende Schutzmaßnahmen notwendig. Diese Arbeit kann erfahrungsgemäß nur im Verbund zwischen den zuständigen Ministerien und Behörden jener Staaten, in denen sich bisher Bärenbestände gehalten haben, und privaten Initiativen erfolgreich sein. Dadurch kann verhindert werden, daß diese imposanten Säugetiere bald nur noch ein Stück gesamteuropäischer Vergangenheit sind. Dringend notwendig ist es, bei Politikern und in der Bevölkerung Sympathien und Interesse für den europäischen Braunbären zu wecken. Vorurteile und Ängste gegenüber freilebenden Bären müssen abgebaut werden. Nur dann kann an eine gezielte Vermehrung der Bestände gedacht werden.

Diese Aufgaben haben sich beispielsweise die Stiftung Europäisches Naturerbe (Güttingerstr. 19, D-78315 Radolfzell, Tel. 07732/2516) in länderübergreifenden Aktionen zusammen mit der Wildbiologischen Gesellschaft München e.V. (Postfach 170, D-82487 Oberammergau, Tel. 08822/6363) und anderen Naturschutzorganisationen gestellt. Gemeinsam treten sie für den Schutz der Bären und ihrer Lebensräume ein. Sie initiieren und unterstützen Bärenprojekte in den österreichischen und italienischen Alpen, in Polen, Rumänien, Slowenien, Kroatien und in Spanien.

Ihr wohl bemerkenswertestes Projekt ist die Wiederansiedlung des Braunbären in den Alpen. Geplant ist, die dort noch vorhandenen Bärenpopulationen zu revitalisieren und für den Anfang neue in Österreich und Frankreich zu begründen. Die Chancen stehen gut. Bärentaugliches Gebiet scheint vorhanden. Nach einer Veröffentlichung der Stiftung Europäisches Naturerbe haben »Bärenfachleute in Frankreich nach einer gründlichen Analyse allein im Gebiet Vercors-Diois, südwestlich von Grenoble, mehr als 200 000 ha bärentaugliches Gelände festgestellt«. »Eine erste Lebensrauminventur für Österreich hat gute Bärengebiete aufgezeigt – insbesondere in Kärnten und der Steiermark.« Weitere mögliche Ansiedlungsreviere werden geprüft.

Die ersten Erfahrungen in der Zusammenarbeit mit den nationalen Behörden lassen auf die Zukunft hoffen.

Bleibt die Frage, ob freilebende Bären für Menschen eine Bedrohung sind.

Nahrungskonkurrenten sind sie ja schon lange nicht mehr.

Der kanadische Tierpsychologe und Verhaltensforscher Prof. Stephen Herrero hat während vieler Jahre dieser Frage umfangreiche Studien im Westen und Norden Kanadas und in den Vereinigten Staaten gewidmet. Dabei beobachtete er freilebende Bären in der nordamerikanischen Wildnis und in den Nationalparks. Er studierte die Statistiken und Berichte über Angriffe auf Menschen, befragte die Opfer solcher Attacken und rekonstruierte die Ereignisse jeweils vor Ort. Seine Analysen, die er in seinem Buch »Bären. Jäger und Gejagte in Amerikas Wildnis« (Müller Rüschlikon Verlag, CH-Cham 1992) einer breiten Öffentlichkeit zugänglich gemacht hat, ermöglichen eine klare Antwort auf die eingangs gestellte Frage: Freilebende Bären sind keine Gefahr für Menschen, wenn nicht von menschlicher Seite vermeidbare Fehler begangen werden.

Bären, die nicht vom Menschen aufgezogen worden sind, gehen Menschen aus dem Weg – vorausgesetzt, sie fühlen sich nicht unmittelbar bedroht. Um Bären für ein solches Empfinden erst gar keinen Anlaß zu geben, empfiehlt Herrero für die Situation in Nordamerika, bei Wanderungen durch Bärengebiet ständig und laut vernehmlich auf sich aufmerksam zu machen. So haben die Tiere genügend Vorwarnzeit, um Abstand zu gewinnen. Nur wenn Bären auf kurze Distanz völlig überrascht werden, besteht die Gefahr eines Angriffs. Selbst dann hat es sich in den bekanntgewordenen Fällen nur selten um eine Sache auf Leben und Tod gehandelt.

Sofortiges Hinwerfen und Totstellen ist nach den Ergebnissen Herreros das beste Verhalten, die Folgen einer Bärenattacke zu begrenzen. Bärenmütter mit Jungen reagieren allerdings nervöser als einzelgängerische Altbären. Hier ist besondere Vorsicht angezeigt.

Es empfiehlt sich, wenn es überhaupt sein muß, Bärengebiet nur in Begleitung mehrerer Personen zu betreten, da die Tiere dadurch eher eingeschüchtert werden.

Problematisch wird es aber, wenn im Revier freilebender Bären Campingplätze angelegt sind. Selbst wenn Bären an sich genügend Nahrung finden können, reagieren sie auf ein solches Supermarktangebot nicht anders als wir Menschen auch: Sie wählen den bequemen Weg und gewöhnen sich schnell an diese einfache Form des Beutegreifens – sie »verhausschweinen«, wie Horst Stern das vermutlich bezeichnen würde. Das Resultat: Auf solchen Zelt- und Rastplätzen muß künftig ständig mit Bären gerechnet werden. Die Touristen sind einem hohen Angriffsrisiko ausgesetzt, da Bären alles, was sie als ihre Nahrung begreifen, unbedingt und entschlossen verteidigen. Eine Interessenskollision zwischen Bär und Mensch ist unvermeidbar geworden. Fast immer zieht der Bär dabei den kürzeren, da er zur Sicherheit der Touristen als »Problembär« eingestuft und zum Abschuß freigegeben wird.

Diese Analyse ist in Hinblick auf die Situation in Europa allerdings zu differenzieren. Glücklicherweise stellt sich die Lage bei uns entspannter dar. Die europäischen Braunbären sind bei weitem nicht so aggressiv wie ihre nordamerikanischen Verwandten und zeigen eine viel höhere Fluchtbereitschaft gegenüber dem Menschen. Übrigens sind sie auch an Wuchs ein ganzes Stück kleiner. Zugleich existiert in unseren bestehenden und potentiellen Bärenregionen nichts, was mit dem Phänomen amerikanischer oder kanadischer Campingplätze zu vergleichen wäre. Aufgrund der geschilderten Erfahrungen in Übersee haben wir zudem die Chance, dortige Fehler von Anfang an zu vermeiden. Für Urlauber sowie die ansässige Bevölkerung ergeben sich also durch eine Ansiedlung von Braunbären in den Alpen keine Gefahren.

Wie könnte nun eine solche Wiederansiedlung in den Alpen konkret aussehen?

Nun, in einigen Punkten unterscheidet sich *meine* Position ganz wesentlich von den Ansichten, die von der *Stiftung Europäisches Naturerbe* und der *Wildbiologischen Gesellschaft München* vertreten werden.

Deren Ziel ist eine »alpenweite, sich selbst erhaltende Metapopulation, bestehend aus Subpopulationen in allen geeigneten Gebieten – und das sind (nach deren Meinung; W.F.) noch die meisten Gegenden in den Alpen –, die untereinander durch Korridore verbunden und so miteinander überlebensfähig sind« (Wildbiologische Gesellschaft München). Hierzu sollen in zuvor ausgewählten Alpenregionen gezielt Bären angesiedelt und durch natürliche Zuwanderungen von Tieren aus noch intakten Bärenpopulationen (vor allem aus den Nachfolgestaaten Jugoslawiens) aufgefrischt wer-

den. Über die Sicherung freier Bären-Trails soll letzteres gewährleistet werden. Autobahn- und Schienenunterführungen sollen eingerichtet, für Bären unüberwindbare Hindernisse auf ihren uralten, traditionellen Wanderrouten Richtung Alpen beseitigt werden.

Unter keinen Umständen dürften die Bären – auf welche Art auch immer – von Menschen gefüttert werden. Zu groß sei das Risiko, daß die Bären dann »futterkonditioniert« würden, was bedeuten könnte, daß sie Menschen mit Futter in Verbindung brächten. Speziell auf diesem Weg könnten in Zukunft sonst böse Unfälle mit Menschen bereits vorprogrammiert sein. Um den Bären aber ein Überleben aus natürlichen Beständen zu sichern, seien in den dafür vorgesehenen Schwerpunkt-Gebieten der Wiederansiedlung vorab umfangreiche Neuanpflanzungen vorzunehmen und die Jagd zu reduzieren.

Im Gegensatz hierzu glaube ich nicht daran, daß Bären, sozusagen auf die eigenen Tatzen gestellt, alpenweit in größerer Zahl erfolgreich wiederangesiedelt werden können, geschweige denn, daß die Verbreitung und Erhaltung einer langfristig überlebensfähigen Gesamtpopulation dann der Natur überlassen werden kann. Zu hoch und zu unbedingt für dieses Unterfangen sind die menschlichen Gebietsansprüche an die Alpen. Zersiedlung, Tourismus, Naherholung, Forstwirtschaft und Jagdpachten werden den Bären auch in Zukunft kaum genügend Lebensraum übrig lassen. Für Bären werden zu wenig Touristen auf ihre

Skipisten oder -loipen verzichten und die wenigsten Hoteliers auf ihre Saison. Wieviel der zumeist sehr einflußreichen Jagdpächter werden bereit sein, ihre Abschußquoten den unliebsamen Konkurrenten auf vier Tatzen zuliebe einzuschränken?

Nicht umsonst schreitet die durch wirtschaftliche Interessen bedingte Landnahme gerade gegenüber den letzten verbliebenen alpinen Bärenbeständen ständig ungehindert fort. Es hat seinen Grund, daß die alpinen Bären derzeit unmittelbar vom Aussterben bedroht sind. Ohne eine an den Gegebenheiten orientierte Hilfe wird für sie dort langfristig kein Platz mehr sein. Es sei denn, man schafft ihnen gezielt Freiräume, die schon vom Ansatz her die konkrete Situation in den Alpen und die verschiedenen Nutzungs-Interessen berücksichtigen und dadurch auch für Politiker vertretbar sind. Zum Beispiel in Gestalt mehrerer geschützter Bärenzonen oder Reservate.

Die Alpen sind für uns – leider und anders als beispielsweise die Pyrenäen, die Dinariden oder Karpaten – längst zu einer wirtschaftlichen Größe geworden, die damit fest in eine umfassende volkswirtschaftliche Kosten-Nutzenrechnung eingebunden sind. Ganz gewiß kann darin auch für Bären ein berechtigter, aber eben nur begrenzter Platz eingerichtet werden. Doch darf man sich keinen Illusionen hingeben. Der natürliche Lebensraum der Bären in den Alpen ist bereits – bis auf ein paar sehr wenige Ausnahmen – zerstört oder durch Freizeitaktivitäten in Beschlag genommen und auch die heute den Bären noch verbliebenen Gebiete werden mittel- oder langfristig wirtschaftlich stärker genutzt werden.

Ich glaube nicht daran, daß es in den Alpen noch ein natürliches Gefüge gibt, das Bären ein »Leben in freier Selbsbestimmung« erlaubt. Wir müssen in einer vom Menschen massiv beeinflußten Umwelt künstliche Rahmenbedingungen für eine gezielte und lokal begrenzte Neuansiedlung von Bären schaffen.

Die Prämisse muß lauten: Bestimmte großflächige Schutzzonen sind auszuweisen, in denen die Voraussetzungen für ein Leben von Braunbären geschaffen und aufrecht erhalten werden können.

Zur Realisierung dieses Ziels halte ich folgende konkreten Grundsätze und Maßnahmen für geeignet:

- Eine Einzäunung der Bärenzonen wird nicht notwendig sein.
- Das freie Betreten dieser Schutzzonen, vor allem zur Ausübung jeglicher Freizeitaktivitäten (Wandern, Skifahren, Radfahren usw.), ist streng zu untersagen; die Einhaltung dieses Verbots ist zu überwachen.
- Primär sollen sich die Bären selbst versorgen können. Dazu müssen die natürlichen Ressourcen geschützt und gezielt auf den Nahrungsbedarf der Bären hin erweitert werden.
- Sollte das natürliche Nahrungsangebot nicht ausreichen, muß einer möglichen Abwanderung der Bären durch Fütterung vorgebeugt werden. Damit die Tiere durch diese Maßnahme nicht »futterkonditioniert« werden und sie Menschen dadurch nicht mit Nahrung in Verbindung bringen, sollten die Füt-

terungen in unregelmäßigen Abständen und an wechselnden Orten aus der Luft erfolgen. Dazu müßte ein Betreuer noch nicht einmal aus dem Hubschrauber steigen. Bären bereitet es keinerlei Probleme ausgelegtes Futter aufzuspüren. Technisch und organisatorisch ist das überhaupt kein Problem.

– Vitalität und Größe der angesiedelten Bärenpopulationen müssen durch Überwachung und Kontrolle auf einem gesunden Stand gehalten werden.

– Für den Unterhalt der Bären und zum finanziellen Ausgleich möglicher Bärenschäden sind Fonds einzurichten.

– Tierfreunden kann kontrolliert die Chance gegeben werden, das Leben der Bären zu beobachten oder aktiv an der Erhaltung der Bärenfreizonen teilzunehmen. Beobachtungsstände für Besucher könnten angelegt werden, an die sich die Bären nach meiner Erfahrung problemlos gewöhnen würden. Durch Lifte könnten die Besucher herangebracht werden. Der Störeffekt für die Bären wäre minimal und die Zahl der Besucher manipulierbar. Weitere Einnahmen zugunsten der Bären wären so zu erwarten, der örtliche Fremdenverkehr um eine Attraktion reicher. Vorurteile und Ängste gegenüber diesen imposanten Tieren könnten am lebenden Exemplar in freier Natur abgebaut werden.

Natürlich sind diese Vorschläge im Einzelfall zu konkretisieren. Auch muß man sich bei diesem Projekt klar darüber sein, daß es viel unvorhergesehene Komplikationen geben wird. Das ist bei einem solchen Unternehmen nur normal. Wer neue Wege beschreitet, macht Fehler. Wenn aber kein Anfang gemacht wird, werden wir nie etwas verändern.

Ich denke, daß diese Überlegungen realistisch sind. Sie beruhen vor allem auch auf meinen eigenen Erfahrungen bei der Errichtung meiner Wolfsfreigehege. Die Voraussetzungen waren damals ganz ähnlich. Ich hatte gegen Vorurteile, Ängste, Geldknappheit, Raumnot, Ignoranz und Ablehnung zu kämpfen. Skeptiker hielten das Unterfangen für unrealisierbar, und bei der Bevölkerung in Merzig stieß ich auf erhebliche Befürchtungen. Manche Merziger wollten in der ersten Zeit der Gehege den Wald nicht mehr betreten und versuchten, meine Bemühungen zum Scheitern zu bringen. Andere sprachen mich an, was passieren würde, wenn es den Wölfen eines Tages gelänge, aus dem Freigehege zu entweichen. Würden sie Menschen angreifen? Mit der Zeit hat sich alles von allein geregelt. Die Wölfe sind übrigens mehrmals freigekommen und haben keinem einzigen Menschen etwas getan. In den wenigsten Fällen haben die Anwohner das überhaupt bemerkt.

Mittlerweile kommen jährlich Tausende von Besucher, um die Wölfe zu beobachten; nicht nur aus Deutschland und Europa, sondern aus allen Teilen der Welt. Die Wölfe und mein Leben mit ihnen interessiert die Leute. Die Stadt Merzig hat ihre Chance längst genutzt. Ihre Unterstützung ist gewährleistet.

Wichtig für Ursus arctos ist es, daß

endlich gehandelt wird, daß die Voraussetzungen geschaffen und gezielt Bären in den Alpen angesiedelt werden. Wenig Sinn macht es, auf Bärenzuwanderungen beispielsweise aus Slowenien zu warten. In diesem Punkt unterscheide ich mich ebenfalls ganz wesentlich von den Ansichten der genannten Bärenschutzinitiativen. Sicher, jeder zusätzliche Bär, der auf diesem Weg in den Alpen seinen neuen Lebensraum findet, ist eine Bereicherung, aber nennenswerte Bestände wird man so auf absehbare Zeit nicht erhalten. Der Anfang muß mit einer massiven Aussetzung von Bären gemacht werden. Bären sind anpassungsfähig und gewöhnen sich schnell und aufgrund ihrer Neugierde auch gerne an eine neue Umgebung.

Entscheidend ist, dafür zu sorgen, daß die Tiere nicht aus Nahrungsmangel auf Wanderschaft gehen werden und dabei lernen, diese auf abgelegenen Höfen oder gar in Siedlungen zu finden.

Wildtiere bestimmen die Grenze ihres Reviers vor allem nach dem Futterangebot. Bietet ein bestimmtes Gebiet nicht genügend Nahrung oder nicht zu allen Jahreszeiten in ausreichendem Maß, wird es entweder erweitert oder die Tiere ziehen ab – sie gehen auf Wanderung. Entsprechend groß ist der Lebensraumbedarf. Versorgt ein Revier aber seinen Besitzer – und zwar das ganze Jahr hindurch – und bietet es ausreichend Schutz- und Rückzugsräume, so verhalten sich die Tiere stationär.

Es ist eine weitverbreitete, aber trotzdem falsche Meinung, daß alle Wildtiere notorische Wanderer seien. Jäger waren beispielsweise über Generationen hinweg der Ansicht, daß Wildschweinrotten nachts große Strecken zurücklegen. Dr. Heinz Meynhardt, Wildschweinexperte und Verhaltensforscher, der fast 20 Jahre im engen Sozialkontakt mit einer Wildschweinrotte stand, erzählte mir, daß eine Rotte lediglich einen Lebensbereich von drei bis fünf Quadratkilometern braucht, solange genügend Futter vorhanden ist. Nur junge, heranwachsende Keiler werden aus diesem Revier von der Leitbache vertrieben.

Auch bei meinen Bären konnte ich keinerlei Abwanderungs-Motivation feststellen. Gelegenheit hätten sie oft genug gehabt. Da ihre Ernährung aber bestens gesichert war und sie keinen Mangel kannten, entfernten sie sich nie weit von mir oder dem Biwak der Fallschirmjäger.

Futter und Schutz gehören zu den wichtigsten Bedürfnissen aller Lebewesen. Nur Hunger und unmittelbare Bedrohung zwingen Bären zum Wandern, das übrigens nicht mit normalen und lokal begrenzten Streifzügen verwechselt werden darf. Solche Erkundungsgänge lieben sie über alles. Ungezählte Kilometer habe ich auf diese Weise mit all meinen Bären zurückgelegt – immer aber innerhalb eines bestimmten und begrenzten Gebietes. Bietet ein Revier gar in überreichem Maß Nahrung, dulden Bären sogar Artgenossen auf ungewöhnlich kurzer Distanz. Spannungen bauen sich untereinander dann kaum auf, aggressives Revierverhalten bleibt aus. Man weicht sich aus. Das beweisen die nordamerikanischen, die polnischen und die slowakischen »Müllbären«.

Hier sehe ich deshalb eine Chance für die von Menschen vergleichsweise dicht-besiedelten Alpen. Durch bedachte Füt-terung, die den Bären ein ausreichendes Nahrungsangebot bieten, könnte eine nicht eingezäunte Bärenfreizone auf ein bestimmtes Terrain beschränkt werden. Viele der typischen Probleme und Ge-fahren, die bei frei und beliebig wan-dernden Bären drohen, könnten vermie-den werden. Eine direkte Begegnung zwischen Mensch oder Vieh und Bär wä-re unwahrscheinlich oder zumindest die vertretbare Ausnahme.

Nicht weniger wichtig wie eine Wie-deransiedlung ist aber die Sicherung der noch bestehenden europäischen Bestän-de. Hier haben die Wildbiologische Ge-sellschaft München und die Stiftung Eu-ropäisches Naturerbe in Zusammenar-beit mit nationalen Organisationen und Behörden bemerkenswerte Erfolge zu verzeichnen.

Nur wenig Menschen wissen, daß es im Trentino an den waldreichen, steilen Bergflanken des Brentamassivs noch ei-nen kleinen Rest echter Alpenbären gibt. »Wieviele der extrem scheuen Tiere dort noch leben, können selbst Fachleute nur schätzen. Die Bärenforscher Fabio Osti und Hans Roth haben in den ver-gangenen 25 Jahren alle Zeichen zusam-mengetragen, die auf Bären hinweisen. Ihre Befunde sind wenig ermutigend: zehn Tiere höchstens, wahrscheinlich aber nur halb soviele. Aufnahmen mit einer eigens am Luderplatz installierten Infrarotkamera haben nur zwei Bären gezeigt. Obwohl die Bären im Trentino seit langem geschützt sind, erholt sich der kleine Bestand nicht mehr. Wilderei kann nicht die Ursache sein, denn seit 1972 scheint kein einziger Bär geschos-sen worden zu sein. Womöglich lebt ein-fach kein fortpflanzungsfähiges Weib-chen mehr oder die Population ist gene-tisch einfach zu verarmt« (Wildbiologi-sche Gesellschaft München).

Nun soll der Bestand aufgestockt wer-den. Dazu sollen etwa zehn Braunbären in Slowenien und Kroatien gefangen und in die italienischen Alpen verbracht wer-den. Prof. Wolfgang Schröder (Wildbio-logische Gesellschaft München) erhielt im Rahmen einer Planung für den Parco Naturale Adamello Brenta den Auftrag, die erforderlichen Schritte auszuarbei-ten. Er empfiehlt, daß insbesondere der Teil des Parks, in dem die Bären ihre Winterlager anlegen, vorerst forstwirt-schaftlich nicht mehr genutzt wird. Forst-straßen müssen gesperrt und bestehende markierte Wanderwege in den Hochtä-lern ausgelassen werden. Auch Bergstei-ger müßten sich einschränken.

In Zusammenarbeit mit der europa-weit tätigen, in Deutschland ansässigen Stiftung Europäisches Naturerbe (EU-RONATUR) realisiert die spanische Tierschutzorganisation FAPAS eine Auf-forstungskampagne mit wilden Frucht-bäumen im Lebensraum des kantabri-schen Braunbären unter dem Motto »Früchte für die Bären«. Diese Aktion konzentriert sich auf die nordspanischen Regionen Asturien, Kantabrien, Palen-cia und Léon. Die kantabrischen Bären haben durch Monokultur, Kohleabbau, große Waldbrände und extreme Auswüchse von Wilderei kaum Überlebenschancen. Durch das Anpflanzen von Obstbäumen in diesen Gebieten soll das Nahrungsangebot für die Bären erweitert werden. Es soll sichergestellt werden, daß die Tiere nicht in die für sie lebensgefährlichen Täler hinunterwandern müssen. Ausreichende und abwechslungsreiche Nahrung ist auch eine wesentliche Voraussetzung für ein gesundes Heranwachsen der Jungbären. Doch bis die ersten Früchte geerntet werden können, werden noch einige Jahre ins Land ziehen. Bis dahin müssen die Bären verstärkt auf andere Weise geschützt werden. »Die Palette der Maßnahmen reicht von Kampagnen zur Umwelterziehung in den Bergschulen über schnelle und unbürokratische Schadensersatzzahlungen an die Bauern im Falle eines durch Bären verursachten Schadens bis zur Leitung der Einsätze der spezialisierten ›Bärenschutz-Streifen‹ gegen die Wilddiebe in Zusammenarbeit mit der Guardia Civil« (aus: Broschüre »Früchte für die Bären«, Stiftung Europäisches Naturerbe). Doch nicht nur Kinder aus Bergschulen, sondern Schulklassen aus ganz Nordspanien kommen in die kantabrischen Berge, um in den von der FAPAS veranstalteten Workcamps etwas über die Bären zu lernen und auch ein Stück weit aktiv bei den Schutzmaßnahmen mitzuhelfen: beispielsweise durch Einsammeln von Wildfrüchten für die Pflanzaktionen der Aktion »Früchte für die Bären«.

Im griechisch-bulgarischen Grenzgebirge – den Rhodopen – setzt sich die EURONATUR für die Schaffung eines Nationalparks zum Schutz der dortigen Braunbären ein.

Dem »Ötschenbären« wurde vom WWF-Österreich eine in Kroatien gefangene Bärin zugesellt, die 1991 dreifachen Nachwuchs bekam. 1992 waren es bereits insgesamt fünf Jungbären. Möglich wurde dieser Erfolg, weil 1992 ein weiteres 6jähriges Weibchen hinzu kam. 1993 ist dann noch ein zirka 4jähriges Männchen zugesetzt worden.

Ein Anfang ist gemacht. Weitere Schritte müssen folgen. Für Ursus arctos ist in Europa jedes Engagement eine Hilfe. Es kommt auf uns an, welche Überlebenschance er haben wird.